1万件の実例が証明

円満な相続には「遺言書」が必要！

相続コーディネーター　曽根恵子［著］

司法書士　吉田崇子［監修］

清流出版

プロローグ

意思を残すことの大切さ

私が相続コーディネーターとして、相続問題を解決するお手伝いをさせていただくようになって20年になります。これまで1万件以上の相続相談に対処してきました。

相談は日本全国そして海外から、メールや電話、面談という形で寄せられます。近年、そうした相談でいちばん多いのは、遺産分割に関する内容です。なかには長年にわたってその問題を抱えていて、すでに身内同士で話し合いができないほどこじれている場合もあります。親子や兄弟姉妹のあいだで裁判になっていることもめずらしくありません。それでも、なんとかして解決したいという思いで、相談にいらっしゃるのです。

私が相続コーディネートを始めたころは、相続税の節税を第一の目的とした業務に取り組んでいました。親族が亡くなって相続をすることになった方の相談を受けることがほとんどで、いかに相続税を減らして財産を手もとに残すか、といったことが課題でした。当時相談にいらした家庭には家督相続の名残も残っており、「節税」という大きな目的があったためか、身内でもめることはありませんでした。また、バブル経済の余波があり、財産価値が現在より高かったころでもありました。

ところが、時代の移り変わりとともに、相談の内容も変化してきました。「節税」というよりも、それ以前に「遺産分割」を話し合う段階で、うまくいかなくなるケースが増えてきたのです。相続で争うのは財産が多いから、と思われるかもしれませんが、相続相談の内容を分析してみると、むしろ「財産はそんなに多くないのに、うまく分けられなくてもめてしまう」場合が圧倒的に多いとわかりました。かつての家督相続の時代と違い、いまの民法では法定相続人が定められています。そのため、財産の多い少ないに関係なく、誰もが相続でもめたり、争いに巻き込まれたりする可能性があるのです。

これまで数多くの遺産分割に関する相談に対処してきて、確信したことがあります。「もめる家庭は、亡くなった人の意思が見えない」ということです。反対に、亡くなった人の「意思が見える」ときには、家族は争うこともなくまとまっていきます。仮に多少の不協和音があったとしても、「亡くなった人の意思」により、互いに尊重し合って、よけいな争いには発展しないのです。

自分の生きてきた証や心、財産を「遺言書」にすることは価値があります。残された家族にとっても、最後のメッセージがあることは、それからを生きる力にもなり、大切な財産になります。

しかし残念なことに、そうしたメッセージがないために、相続のときには家族同士ですれ違い、対立し、争いに発展していることがあまりに多いのが現実です。「いままで仲よくしていたのに、こんなふうになるとは想像もしなかった」という悲痛な心情を、何度も聞いてきました。

信じがたいことですが、相続になると、ちょっとしたことで簡単にもめてしまいます。

だからこそ、どなたにも「遺言書」を作っておくことが必要だと切実に感じています。残されるであろう家族のために「何を残せるのか」あるいは「何を残してはいけないのか」を整理し、考えてみていただきたいのです。それが残された家族を深刻な争いから回避する最良の説得材料になります。

本書では、遺言書の実例を紹介しながら、どのように書くことが望ましく、書き方によってどのような失敗があったか、具体的に説明していきます。それらを参考にして、ぜひご自身の「遺言書」をお書きになってください。「遺言書」はご自分にしか書けないことです。残すことは〝権利〟でもあり、〝義務〟でもあると言えますが、なによりご自分が一番安心、納得でき、達成感が味わえます。そしてなにより、残される家族が争わないための「目に見えない財産」を残していただきたいと祈念しております。

目次

第1章
遺言を作るために知っておきたいこと

せっかく財産を残しても、
相続人のあいだで争いが起こってしまったら――
残される身内同士で争いが起きないように、
遺言を残すにはどうしたらいいでしょうか。
まずは法律的な決まり事を知っておきましょう。

1. 遺言はなぜ必要か

◆遺産分割がもめる要因

私は相続コーディネーターとして、東京駅前にあるオフィスで、全国から寄せられる相続相談を毎日受けています。最も多いのは「遺産分割協議」に関することで、じつに全体の3分の1を占めています。遺産分割協議というのは、遺産をどう分けるのかを相続人全員で話し合うことをいいます。

個々の具体的な内容はさまざまで少しずつ違いますが、もめている方の多くは「家族が亡くなって相続手続きを進めないといけないが、相続人のあいだで遺産分割の話し合いがつかず、うまくいかなくなってしまった。どうすればいいだろうか」という内容です。すでに家庭裁判所の調停や裁判になってから相談にいらっしゃることもめずらしくありません。

たとえば「亡くなった方の配偶者や同居していた兄妹姉妹から財産がどれだけあるのか教えてもらえない」「財産を分けてもらえない」というケースをみてみましょう。

この場合、特定の相続人が財産を独占したり、生前に財産をもらっていたり（贈与[※1]）することが想定されます。被相続人[※2]の財産が、不動産の自宅だけで預貯金がほとんどないこと

※1 贈与　一方が他方に無償で財産を渡すことについて、双方の合意のもとに成立する契約のこと。
※2 被相続人　相続において亡くなった人を指す。

も多く、財産を分けようがないこともあります。

あるいは、賃貸アパートなど「収益がある不動産」と「収益を生まない自宅」では財産の価値が違うと主張する相続人が出てきて、意見が食い違ってしまうケースもあります。

さらには、故人の介護をしたのだから寄与分※3の上乗せを主張する相続人がいたり、住宅購入費を援助してもらったのだから特別受益※4にあたると言って別の相続人に減額を要求するなど、対立してともに譲れなくなることもあります。

相続でもめる場合、もとから関係がギクシャクしていることはまれで、普通に行き来し、仲よくしてきた家族がほとんどです。ではなぜ相続になったら、親子、兄妹姉妹が話し合いもできず、意思の疎

※3 寄与　被相続人の財産形成に対する相続人の貢献度のこと。
亡くなった人の財産の増加や維持に特別の寄与や貢献をした人がいる場合に、相続分に寄与や貢献に相当する額を上乗せすることができる。それを「寄与分」といい、金額は相続人同士が寄与した功績を考慮し協議して決定する。

寄与分が認められる場合

1　被相続人の事業に大きく貢献してその財産を増加させた
2　被相続人の財産の維持に努めてきた
3　被相続人の介護援助を長年続けた

ただし、特別の寄与であることが必要。たとえば、妻が夫の療養看護に努めることは、夫婦の当然の義務のため寄与にはあたらない。

※4 特別受益　相続人のなかに被相続人から特別の利益を受けていた者がいる場合、遺産を法定相続分で分けると不公平となる。そこで財産の前渡し（贈与）を受けていた分を「特別受益」として、贈与の価額を相続財産に加算する。これを「特別受益の持ち戻し」という。
なお、持ち戻しの対象となるのは、被相続人から相続人に対する生前贈与か遺贈※5で、原則として相続人でない者への生前贈与や遺贈は対象外となる。

特別受益に該当する場合

1　生計の資本として受けた贈与……住宅購入資金の援助等
　（単なる生活費の援助は生計の資本としての贈与にあたらない）
2　特別に受けた遺贈……遺言によって相続分以外に遺産配分を受けた場合
3　婚姻・養子縁組のための贈与……婚姻のための支度金や結納金が該当

この特別受益は、贈与の時期に関わりなく対象となる。

※5 遺贈　遺言により財産の全部または一部を無償で譲与すること。

通がとれなくなり、家族関係が崩壊してしまうのでしょうか？

　多くの事例で共通していることは、遺産分割の対象となる財産の「多い」「少ない」ではないということです。財産内容を教えないことから疑心暗鬼となって、言い争いが始まり、何年も何十年も前のことまで取り上げて責め合うようになります。

　はじめは少々譲ってもいい、協力してもいいと思っていた気持ちが変わり、身内だからこそ許せない、譲れない、絶対に協力しないという気持ちになるのでしょう。そうした険悪な関係になると、少々説得したくらいでは互いに妥協できなくなってしまうのです。

　昭和23年の民法改正によって家督相続の制度がなくなり、財産を家に残すという考え方は希薄になっています。いまの民法は、法定相続、平等相続といわれるように、長男だからとか、家の跡継ぎだからといって、相続権を主張することはでき

遺産分割の相続者の分析

「(株)夢相続の面談で遺産分割に関する内容」より
平成19年～22年

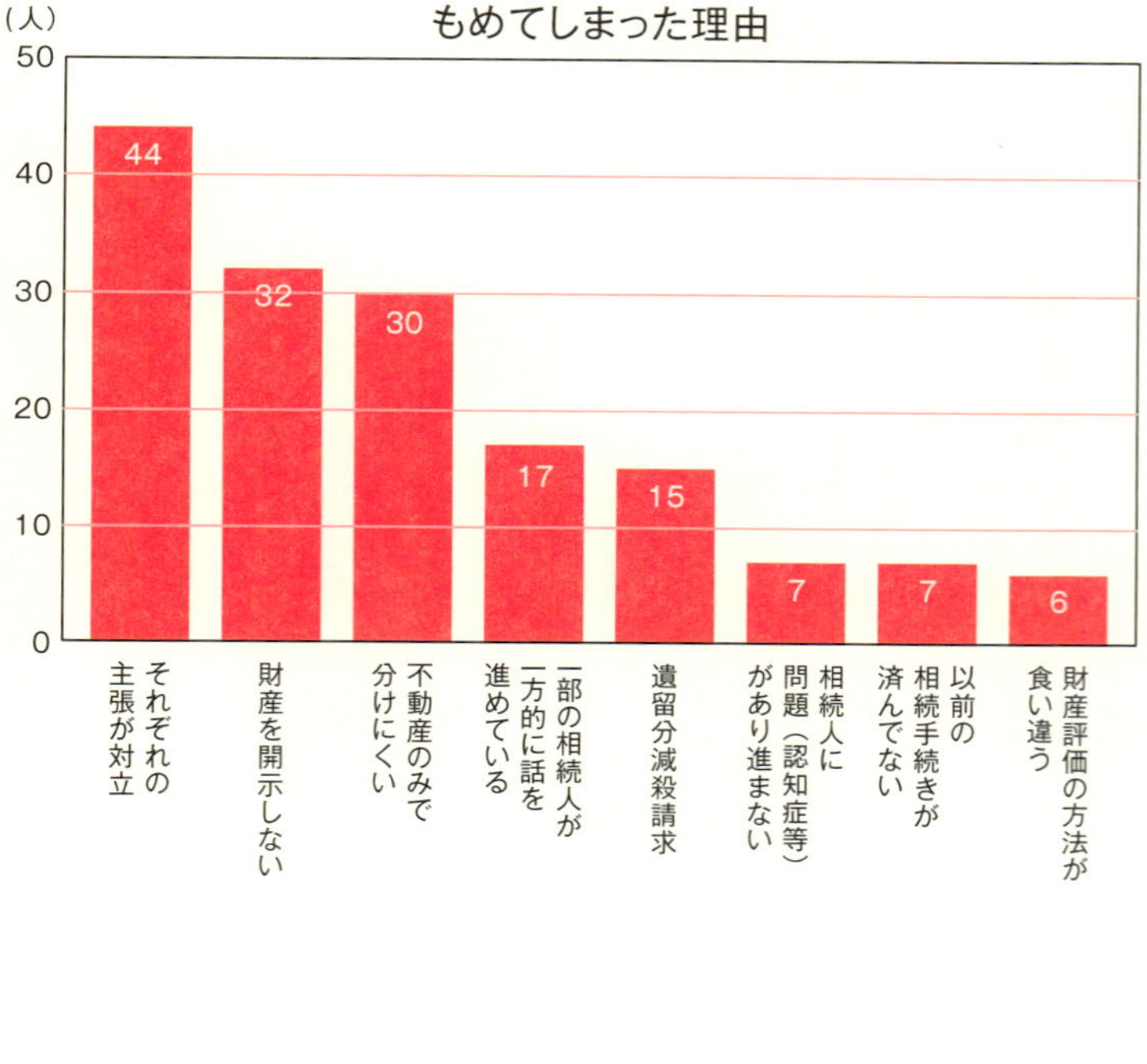

ません。相続人は皆同じ立場で権利を主張できるということです。それだけに、遺言がなく、亡くなった人の意思が見えない場合、相続人は迷い、権利を主張するがために、争いに発展するのです。

◇相続争いを最小限にするために

相続の目的は財産を分けることだけではありません。相続をきっかけとして、亡くなった人の財産や意思をいい形で継承することでもあります。いざ相続になったとき、身内の縁が切れてしまうほどもめてしまっては、相続の価値がありません。

そこで、自分の死後、遺産分割の争いが起きないように、生前から相続の方法を具体的に決めておくことができるようになっています。このシステムを「遺言制度」といい、亡くなった人の意思を書面に残したものを「遺言書」といいます。

では、相続争いを最小限にとどめるためには、どうしたらいいでしょうか。

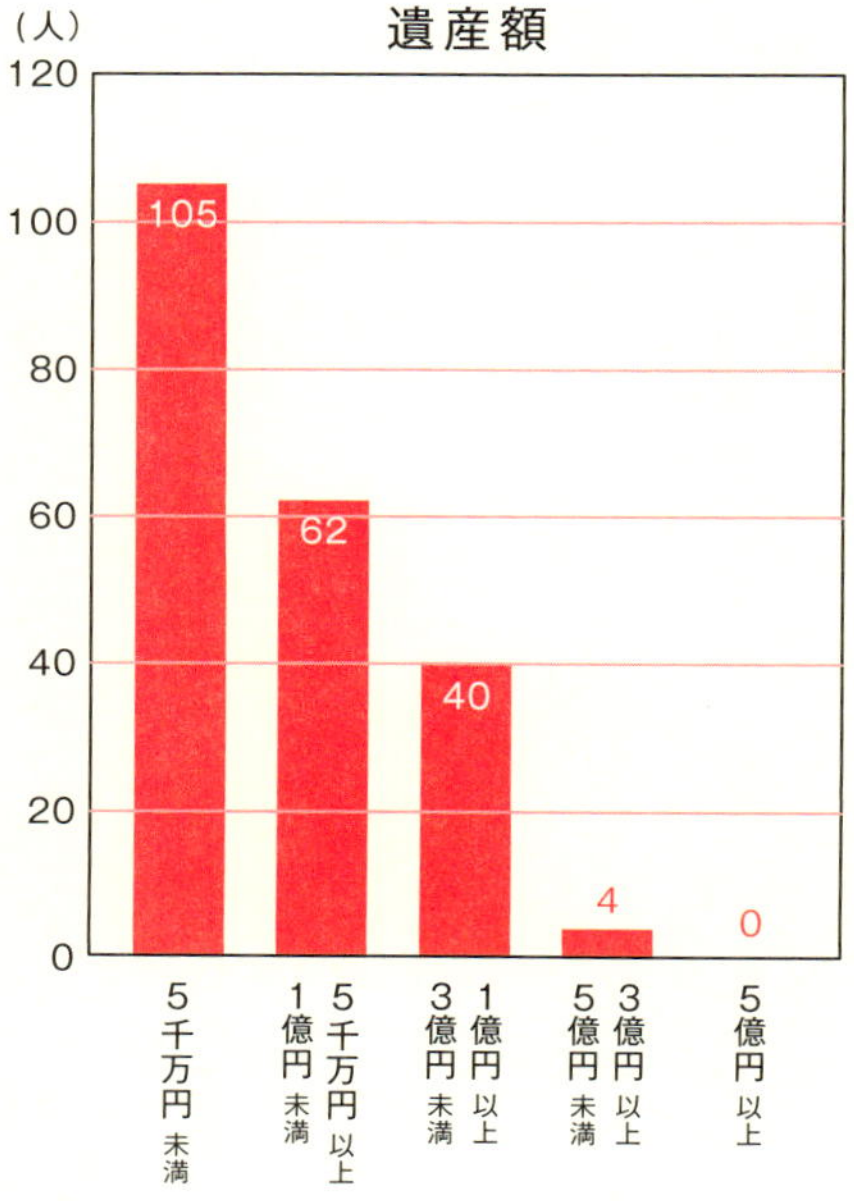

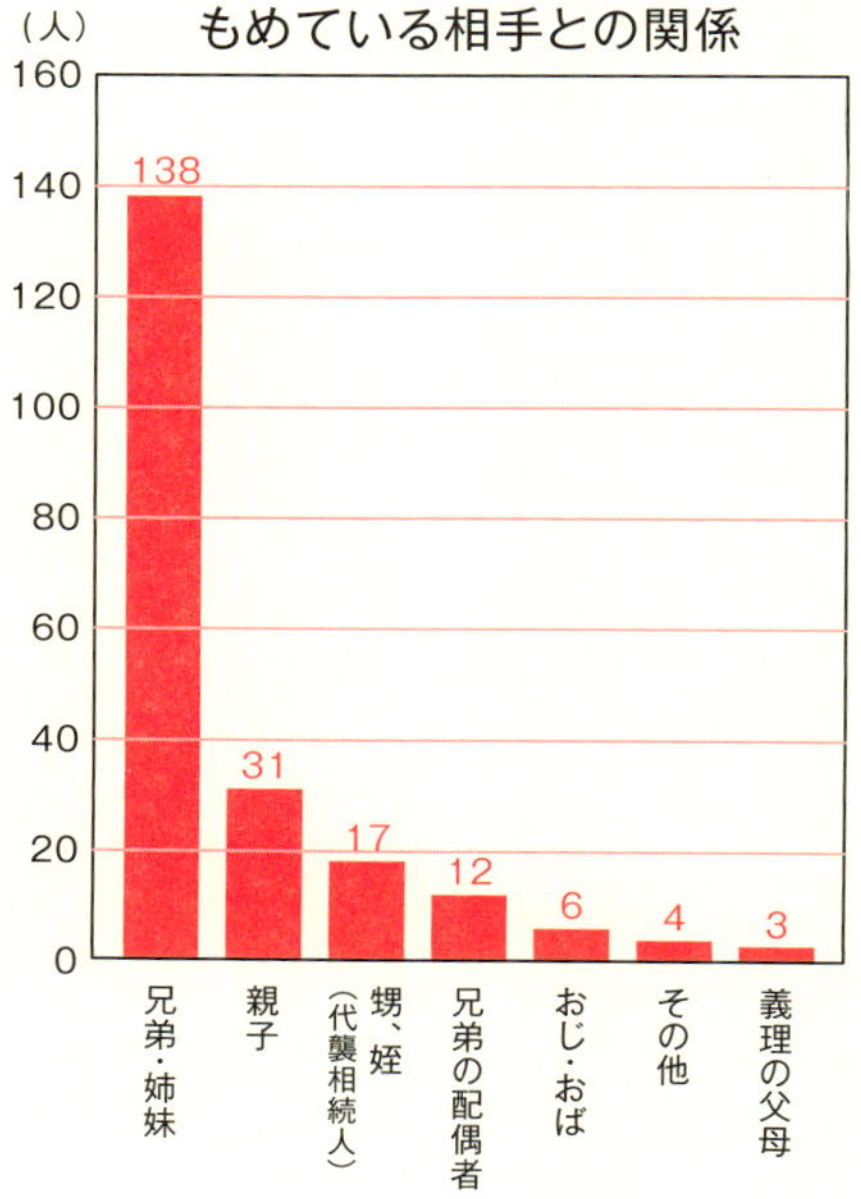

相続手続きを進める際、問題になることの多い事柄をリストにしましたので、チェックしてみてください。あなたや家族にあてはまる項目がどれか1つでもあれば、身内の感情的な行き違いを争いに発展させないための配慮が必要です。早めに決断をして遺言書を残したほうがいいでしょう。

境遇

- □ 独身……独身で子がなく、親か兄弟姉妹が相続人
- □ 子がいない……結婚しているが子がなく、配偶者と親か兄弟姉妹が相続人
- □ 配偶者が他界……配偶者がすでに他界し、子が相続人
- □ 相続人がいない……独身で子がなく、親も兄弟姉妹もいない
- □ 再婚、認知……先妻／先夫の子、後妻／後夫の子、認知した子がある
- □ 代襲相続※6……子や兄弟姉妹が先に亡くなり、その子や孫がいる

家族関係

- □ 不仲……家族間ですでに争いを抱えていたり、疎遠、対立している
- □ 同居……相続人が複数同居している
- □ 介護……介護をしている、または介護を受けている
- □ 内縁……内縁関係の妻／夫がいる
- □ 使用貸借※7……財産である不動産に住んでいる相続人がいる

※6 代襲相続　本来の相続人が死亡等の理由で遺産を相続できないとき、その子や孫が相続すること。

※7 使用貸借　当事者の一方が無償で使用した後に返還することを約束して不動産などを受け取る契約のこと。

□行方不明……相続人に行方不明者がいる
□海外在住……相続人に海外在住者がいる

財産の内容
□不動産……財産の中に不動産がある
□不動産……財産の多くは不動産である
□共有名義……不動産（収益不動産を含む）が分けられない、分けにくい
□生前贈与……生前贈与した財産がある
□会社経営……会社経営をしており、株を所有している

特別な思い
□分与……特定の相続人に多く分けたい、または分けたくない
□寄与……介護や事業に貢献してくれた相続人に多く分けたい
□争い回避……家族で争わないために準備しておきたい
□家業……家業を継ぐ者（後継者）に多く分けたい
□援助……援助が必要な相続人（障害者、独身等）に多く分けたい
□遺贈……相続権のない孫や嫁、兄弟姉妹に遺産を分けたい
□寄付……公益団体等（国・市町村・学校・病院）に寄付したい

2. 遺言できる内容と効力

◇遺言の効力はどこまで？

相続は普通の家庭環境の家族間でも争いになるほどの難題です。相続が始まる前から複雑な事情がある場合は、さらに深刻です。

遺言書は、こうしたトラブルを制御する手段として、自分の意思を残すための最も確実な方法です。15歳以上で遺言能力（一定の理解力・判断力）があれば、誰でも遺言書を作成できます。

しかし、書いたことすべてに法的な効力があるわけではありません。基本的には何を書いてもかまいませんが、遺言者の一方的な意思表示によって効力が生じる制度なので、法的に有効な事項は次の点に集約されます。

①相続に関すること……遺産の分割に関わる事項について意思を伝える

・遺産の分割
・推定される相続人の廃除[※8]および廃除の取り消し
・生前贈与の算定に関する意思表示
・相続分[※9]の指定または指定の委託
・遺産分割方法の指定または指定の委託

※8 相続人の廃除　被相続人が相続させたくないと感じる非行が推定相続人にある場合に、家庭裁判所の審判、または調停によって相続権を剥奪すること。

・遺産分割の禁止
・相続人間の担保責任※10の指定
・遺贈の減殺方法の指定

②身分に関すること……相続人となるべき人などを指定する
・遺言による認知
・未成年後見人※11の指定および未成年後見監督人※12の指定

③財産処分に関すること……財産をどのように処分するか意思を伝える
・遺贈
・寄付行為
・信託の設定

④遺言執行に関すること……遺言を実行する人を指定する
・遺言執行者※13の指定または指定の委託

⑤その他
・祭祀承継者の指定
・遺言の撤回

※9 相続分　相続人が財産を分けるときの配分。

※10 担保責任　遺産分割で取得した財産に他人の権利が付着していたり、隠れた瑕疵（かし：欠点や欠陥）があったりした場合に、取得した相続人を保護するため、ほかの相続人に対して、損害賠償請求や解除を求めることができる。

※11 後見人　有効な法律行為ができない人に代わって法律上の権限と責任を持つ人のこと。未成年後見人、成年後見人の2種類がある。

※12 後見監督人　後見人の仕事の内容をチェックする役割を担う人のこと。

※13 遺言執行者　遺言の効力が生じたあとに、遺言の内容をそのとおりに実行する人のこと。

◇法的効力のない遺言もある

形式的に有効な遺言であっても、すべての内容が法的な効力を持つものではありません。「きょうだいは仲よく暮らすこと」「家を継ぐ者に財産を渡す」などは、たしかに故人の意思を伝えるものとして記載する価値はありますが、法的な効力はありません。それを実行するかどうかは、あくまで相続人の判断に任せられます。

また、次の２つの内容も効力がありません。

①葬儀に関すること（簡素に、家族だけで、無宗教により執り行なう、など）

②献体、臓器移植、アイバンク（遺言書とは別の公正証書や、意思表示カードは、生前に登録をすることも可能ですが、家族の同意がなければ実行はされません）

◇付言事項を活用する

法定相続分（第2章38ページ参照）と異なる内容の遺言書を作成する場合などは、なぜ自分がこのような内容の遺言書を作成したのかについて、「付言事項」として記載することができます。付言事項は遺言としての効力を有するわけではありませんが、遺言内容の理由やそう決めるに至った思いを記載することで意思を伝える一助になります。あるいは、遺言書とは別に、自分の気持ちを綴った家族宛の手紙を作成し、遺言書と一緒に保管しておくことも説得材料になります。

3. 遺言の種類

◇遺言の方式と種類

遺言には、法的に大きく分けて「特別方式」と「普通方式」によるものがあります。

特別方式による遺言は、「危急時遺言」と「隔絶地遺言」とに分けられます。危急時遺言は、病気などで死が迫っているときや、船や飛行機が遭難して死が迫っているときに書かれたもの。隔絶地遺言は、伝染病で隔離されているとき、船のなかにいて一般の人と連絡が取れないときなどに書かれたものをいい、いずれも特殊なケースです。

通常は「普通方式」による遺言が一般的です。この普通方式による遺言には3種類あって、それぞれにメリット、デメリットがあります。

自筆証書遺言

遺言者が、すべて自筆で作る遺言書のことです。証人が不要で、費用がかからず、紙とペンと印鑑さえあれば作成できるため、最も簡単な方法です。その反面、遺言書が発見されないケースや偽造、改ざんのおそれがあり、かえってトラブルを招くこともあります。また、家庭裁判所の検認[※14]が必要です。

公正証書遺言

遺言者が用意した下書きや口頭で述べた内容を、2人以上の証人の立ち会いのもと、公証人[※15]が文書にする遺言書です。法的な不備は回避できますが、費用がかかります。

秘密証書遺言

遺言書を秘密に保管するための方式で、公証人に依頼し、証人2人の同行も必要です。自筆証書遺言のように、遺言が本物かどうかといった遺族間の争いは起きづらく、公正証書遺言のように遺言の「内容」を人に知られてしまうこともありませんが、公証人が遺言の「内容」まで確認をするわけではないため、遺言としての要件が欠けており無効になってしまう危険性がないとはいえません。

※14 検認　家庭裁判所に遺言書を持っていき、遺言書の偽造、変造を防止するために、遺言書の記載を確認する手続きのこと。遺言者が亡くなったあと、相続人が家庭裁判所で手続きをする。封印のある遺言書は、家庭裁判所で相続人等が立ち会いのうえ開封しなければならない。

※15 公証人　公証役場にて公正証書などの作成を行なう人。公証人は、弁護士、検察官、裁判官、法務事務官など、原則30年以上の実務経験を有する法律実務家から法務大臣が任命する。

4. 遺言書作成の注意点

◇遺言は書面で残す

このように遺言書には、いくつかの種類がありますが、どの方法であっても書面にしておくことが遺言の要件になります。本人の意思が確認できても、ビデオカメラで撮影したものやテープレコーダーで録音したもの、パソコンで入力したものは、遺言としては無効とされています。

遺言書の書き方にはいくつかの決まりがありますが、何に書くか、何で書くかについては特別な制限はありませ

遺言書の書き方のポイント

	自筆証書遺言	公正証書遺言	秘密証書遺言
作成者	本人	公証人	本人（代筆可）
書く場所	どこでもOK	公証役場	どこでもOK
証人・立会人	不要	2人以上	公証人1人、証人2人以上
パソコン	不可	可	可
日付	年月日まで記入	年月日まで記入	年月日まで記入
署名・押印	本人のみ必要	本人、証人、公証人	本人、証人、公証人
印鑑	実印・認印・拇印のいずれでも可	本人は実印（印鑑証明書が必要）証人は実印・認印どちらでも	本人は遺言書に押印した印鑑。証人は実印・認印どちらでも
費用	かからない（後で検認の費用がかかる）	作成手数料	公証人の手数料（後で検認の費用がかかる）
封入	不要（封入したほうがいい）	不要	必要
保管	本人	原本は公証役場。正本は本人	本人
メリット・デメリット	秘密にできるが保管が難しく、死後に見つからないおそれがある	保管は安心だが、遺言をしたことも内容も知られてしまう	本人で保管するため確実、安心とはいえない

ん。どんな筆記用具を使ってもよく、筆、万年筆、ボールペン、サインペンなどなんでもかまいません。ただし、消すことのできる鉛筆は適しません。

◇財産は特定できる表現で

のちのちのトラブルを防ぐためにも、だれにどの財産を与えるのか、きちんと特定できるように書くことが大切なポイントです。たとえば、「自宅の敷地」などのあいまいな表現ではなく、地番、面積まで明記します。同様に、預貯金は銀行名、支店名、口座の種類と口座番号を、株は会社名と株数などを明確に書きます。記載内容を間違えないためにも、戸籍謄本[※16]や登記簿謄本[※17]、預金通帳などの資料を見ながら正確に書くことをおすすめします。

また、不動産に関しては、「～を相続させる」と記載します。この書き方であれば登記する費用が安くなったり、単独で手続きができるようになるなど、メリットがあるからです（遺贈の場合は、遺言執行者またはほかの相続人との共同申請が必要になります）。

具体的な遺言書の作成方法は、第6章で詳しく紹介します。

※16 戸籍謄本　戸籍の原本に記載された内容すべてを転写したもの。一部を抜粋したものは戸籍抄本という。

※17 登記簿謄本　土地や建物の権利の取得、喪失や変更などの事実を記載したもの。

コラム

相続の考えが変わってきた

——兄弟の縁よりお金、もらえるものはもらいたい

時代の変化と経済事情の激変によって、相続の考え方も変わってきています。かつての相続では、節税してなるべく多くの財産を残し、次の世代に渡したいと考える方が大半でした。土地さえ持っていれば値上がりして財産価値が上がるという土地神話は、日本人の誰もが持っていた価値観でした。しかし、その価値観が、バブルとともに崩壊してしまったのです。

現在、相続する側には財産を受け取るのは当然の権利という意識があります。インターネットなどの普及により情報化が進んだことで、必要な情報はいくらでも入手できる時代です。相続人は必要な法律を知っており、自分たちの権利を理解しています。権利を主張することが当たり前の社会で、法定割合（第2章38ページ参照）の財産をもらいたいと言うことは、なんらおかしいことではなくなりました。「この際、もらえるものはもらいたい」とはっきり主張する方もいらっしゃいます。

　また、土地神話が崩れたことで、土地をもらっても困ると言う方もいます。たとえば、更地ならまだいいのですが、空き家になった実家には住む人がなく、維持、管理がたいへんなので、売却したほうが楽という考え方もあります。不動産は負担になるのでいらない、もらうなら現金のほうがありがたいと言う方も増えてきました。

　財産をもらう権利は主張したいが、維持するのは負担となれば、それも仕方のないことです。先祖代々の家を守るという意識は薄れてきていますし、物理的に現在の生活をしながら実家の不動産を管理、維持することも簡単ではありません。税金の負担もあります。よけいな苦労はしたくないというところでしょう。

　こうした現状の裏返しか、財産を残す立場では、あえて財産を残さないという方も出てきました。もめごとの原因となりかねない財産は処分して、子どもたちには残さないという選択です。

　家族のために働き、家庭を守ってきた世代の人たちには、いよいよ自分のためにお金を使うという人も増えています。これからの人生のために価値のあるお金の使い方をしていきたいということでしょう。

　そうした決断の背景には、親子の同居が減っている現代の家族のかたちがあります。いまも将来も子どもの世話にはならないので、老人ホームに入ったほうがましというのが本音なのかもしれません。

第２章

相続の手続きを知っておく

相続人は誰なのか？　その優先順位は？
財産はどう配分されるのか？　財産の評価方法は？
これらはすべて法律によって定められています。
遺言書の内容に関わる重要なことですから、
基本知識として知っておきましょう。

1．相続と贈与

◇相続とは？

相続とは、被相続人の財産を配偶者や子が引き継ぐことです。財産は死亡と同時に相続されるもので、財産の多い、少ないに関係なく、相続は家族のある人ならすべての人が必ず直面することなのです。ある一定の額以上の財産がある人に、相続税が課税されます。

相続税の申告は、被相続人が死亡したことを知った日の翌日から10か月以内に行なうことになっています。

◇贈与とは？

民法では、「贈与は、当事者の一方が自己の財産を無償にて相手方に与える意思表示をし、相手方が受諾を為すことによってその効力を生ずる契約」であるとしています。人と人がある事柄に合意し、お互いに権利義務を発生させる法律的な意味での約束を「契約」といいますが、贈与も契約の一つになります。贈与された財産にかかるのが贈与税です。

１年間に１１０万円までは贈与税がかかりません（基礎控除）。

◇使用貸借とは？

「賃貸借」は賃料をやりとりして貸し借りするもので、「使用貸借」は賃料なしの貸し借りという違いがあります。

親の土地を借りて子どもが家を建てるケースはよくあります。このときに、「賃貸借」か「使用貸借」かによって、相続時の税金が変わってきます。

一般に借りた土地に自分の家を建てる場合は、地主に「借地権利金」を払って借地権を設定し、毎月の「地代」を支払います。親の土地に子が家を建て、土地の使用料として毎月の地代を払うと賃貸借になりますが、借地権利金を払わないままでいると、親から子に借地権相当の土地が贈与されたとみなされ、贈与税が課税されます。

使用貸借であれば、使用借権という弱い権利だけなので、贈与税はかかりません。

2. 相続人と優先順位

◇相続人の範囲と順位

民法では、相続人になれるのは、配偶者と血族に限定しています。配偶者（夫から見れば妻、妻から見れば夫）はどんな場合でも相続できますが、血族の範囲を無限に認めるとトラブルになりかねません。そこで、相続人になれる範囲を定めています。それが法定相続人で、「配偶相続人」と「血族相続人」の2種類があります。

配偶相続人……配偶者

血族相続人……直系卑属（子や孫など）
直系尊属（父母や祖父母など）
傍系の血族（兄弟姉妹・甥姪など）

配偶者はつねに相続人となりますが、血族相続人は、全員が公平に相続できるわけではなく、次のように優先順位が決められています。上位の順位者がいるときには、下位の順位者の血族に相続権はありません。

第1順位……直系卑属（子や孫など）
第2順位……直系尊属（父母や祖父母など）
第3順位……傍系の血族（兄弟姉妹・甥姪など）

法定相続人の相続順位

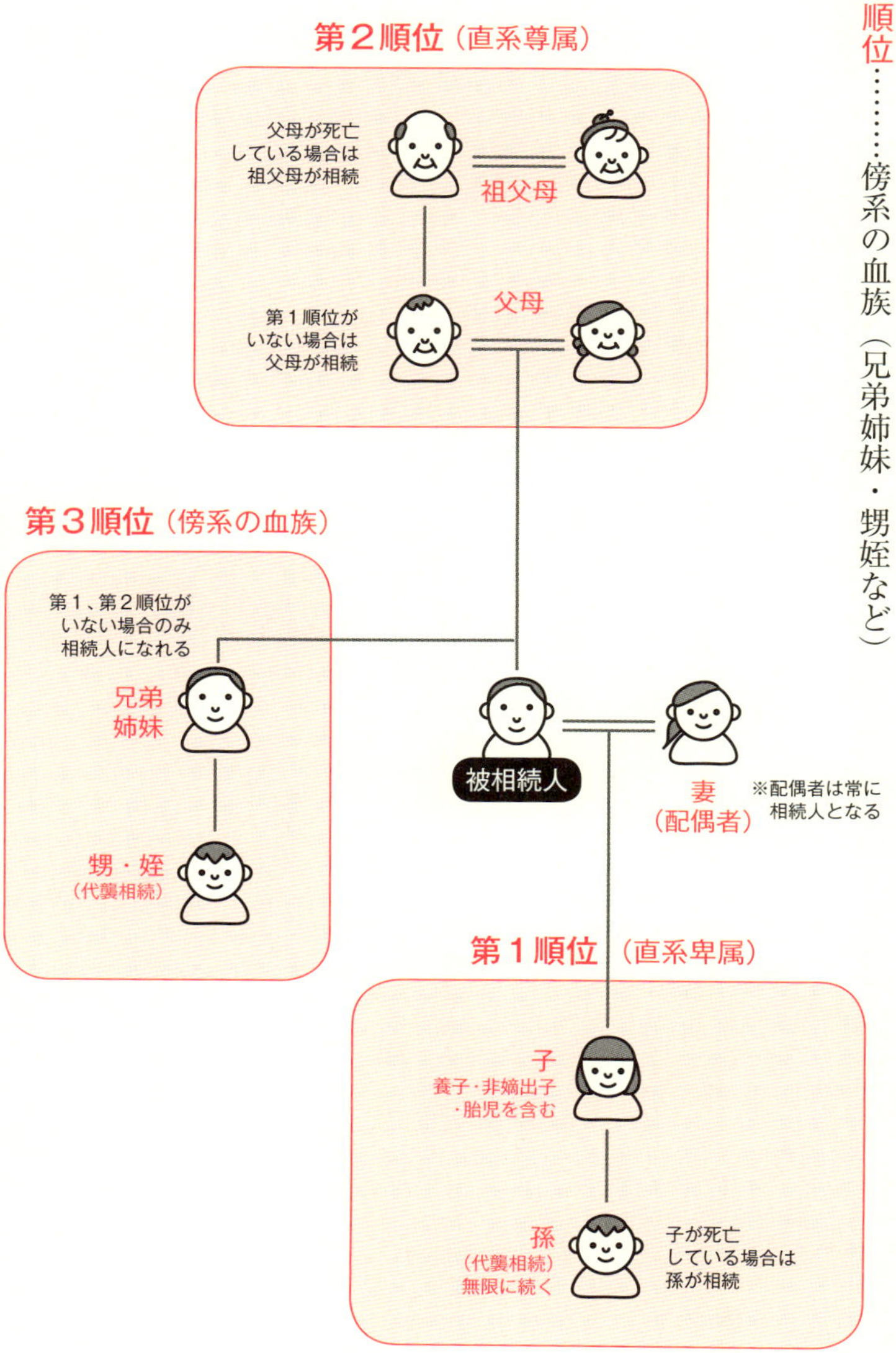

配偶者

　相続人のうち、配偶者（亡くなった人の妻あるいは夫）は、どんなときでも財産を相続できます。血族相続人がいてもいなくても、相続権があるのです。ただし、婚姻届が出されている正式な妻、夫に限られます。籍を入れない内縁関係の妻や夫の場合は、相続人になれないのです。

　この配偶者の相続権を優先したうえで、残る割合について血族相続人に権利があるということになります。たとえば第1順位の子どもがいるときは配偶者と子どもが相続人です。子どもがなくて父母が健在のときには、配偶者と父母が相続人になります。

養子縁組

「養子縁組」をしていれば、法律上の血族（法定血族）として認められ、養子は実子と同じように相続の権利があります。

　ただし、相続税の計算に組み入れることができる養子の数は決まっています。被相続人に実子がある場合は養子1人まで、実子がない場合は養子2人までです。また、相続税の計算上、次の①～③にあたる養子は実子と見なされ、養子規制の対象からはずされます。

①　**特別養子制度**※18**による養子**

②　**配偶者の連れ子**

※18 特別養子制度　一定の要件のもと、原則として6歳未満の養子について、法律上実親との親子関係が断ち切られ、戸籍上も養親の実子として記載される縁組。家庭裁判所の審判が必要。

③ 代襲相続人（第1章18ページ参照）

◇非嫡出子

正式な婚姻関係にない男女間の子を「非嫡出子」といいます。父親から「認知」を受けていれば、実子と同様に第1順位の相続人になります。ただし、相続分は実子の2分の1です。

被相続人に隠し子がいて認知していたとか、小さいころに養子に出された兄弟姉妹がいたということも、現実にはありうる話です。被相続人の戸籍謄本を取り寄せて、法定相続人が誰なのかを確定することが必要です。

戸籍謄本は、被相続人の出生からとぎれることなく記録されています。これは、戸籍の内容が結婚や転籍などで変わるためで、正しい相続人を割り出すためには、切れ目なく続いた被相続人の戸籍謄本が必要です。

◇行方不明

相続人のだれかが家出したり、蒸発したりして、行方がわからない場合は、次の方法から選択します。いずれも家庭裁判所に申し立てることが必要です。

① 家庭裁判所に失踪宣告を申し立てる
（行方不明者の生死が明らかではなく、7年以上の年月を経過している場合）

②所在不明のため不在者財産管理人を家庭裁判所に選任してもらう。その管理人と残りの相続人が家庭裁判所の関与のもとに遺産の分割を行なう

最後に音信があった日を起点として、失踪期間が7年間経過している場合は、家庭裁判所に失踪宣告の申告ができます。失踪宣告が行なわれると、その行方不明者は死亡したものとみなされ、相続手続きが開始されます。

このような形で財産を受け取って相続税を納税し終わってからでも、行方不明者の生存が確認された場合は、家庭裁判所は失踪宣告を取り消し、それまでの相続はなかったことになります。

◆代襲相続

相続人となるべき人が、被相続人の死亡前に亡くなっていたり、なんらかの理由で相続権を失っているときは、その人の直系卑属（子、孫）が相続人になります。

代襲相続は本来相続人となるべき人の、いわば身代わり相続です。子が先に死亡していて、孫が相続人となった場合、孫は子と同様第1順位の血族相続人とみなされます。

子が先に死亡したため孫が相続人になるケースが典型的ですが、兄弟姉妹の代襲相続が生じる場合もあります。

被相続人に子がなく、直系尊属（父母や祖父母）もすでに死亡しているときは、兄弟姉妹が相続人になりますが、その兄弟姉妹がすでに死亡しているケースです。この場合は、死亡した

兄弟姉妹に代わって、その子（甥、姪）が相続人になります。兄弟姉妹の場合は、甥や姪の段階で代襲相続は打ち切りとなります。

◇相続欠格と廃除

違法行為（殺人や詐欺など）を犯したために法律上相続人としての資格を失った人は、相続することができません。これが「相続欠格」で次のような場合です。

①被相続人や自分より先順位または同順位にある相続人を殺したり、殺そうとしたため刑に処せられた者
②被相続人が殺されたことを知りながら、それを告訴、告発しなかった者
③詐欺や脅迫をして、被相続人が遺言をしたり、その取り消しや変更しようとするのを妨げた者
④詐欺や脅迫をして、被相続人に遺言をさせたり、その取り消しや変更をさせた者
⑤被相続人の遺言書を偽造したり、変造したり、破棄したり、隠匿した者

また、相続人になるはずの人が被相続人を虐待するなどして害を与えた場合には、被相続人の意思に基づき、家庭裁判所の審判または調停によって推定相続人から相続権を奪える制度があります。これが「相続廃除」で、次のような場合です。

①被相続人を虐待した者
②被相続人に重大な侮辱を加えた者
③その他著しい非行があった者

3．法定相続分と遺産分割の方法

◇法定相続分

相続人が2人以上いる場合は、遺産をどう分けるかを決めなくてはなりません。遺産を分けることを遺産の分割といい、その割合を「相続分」といいます。

民法では、遺産の分割について原則を定めていて、その相続分を法定相続分といいます。

①相続人が配偶者と子の場合 → 配偶者1/2　子1/2
②相続人が配偶者及び被相続人の直系尊属の場合 → 配偶者2/3　直系尊属1/3
③相続人が配偶者及び被相続人の兄弟姉妹の場合 → 配偶者3/4　兄弟姉妹1/4

法定相続人のさまざまな組み合わせ

配偶者と子ども３人の組み合わせ

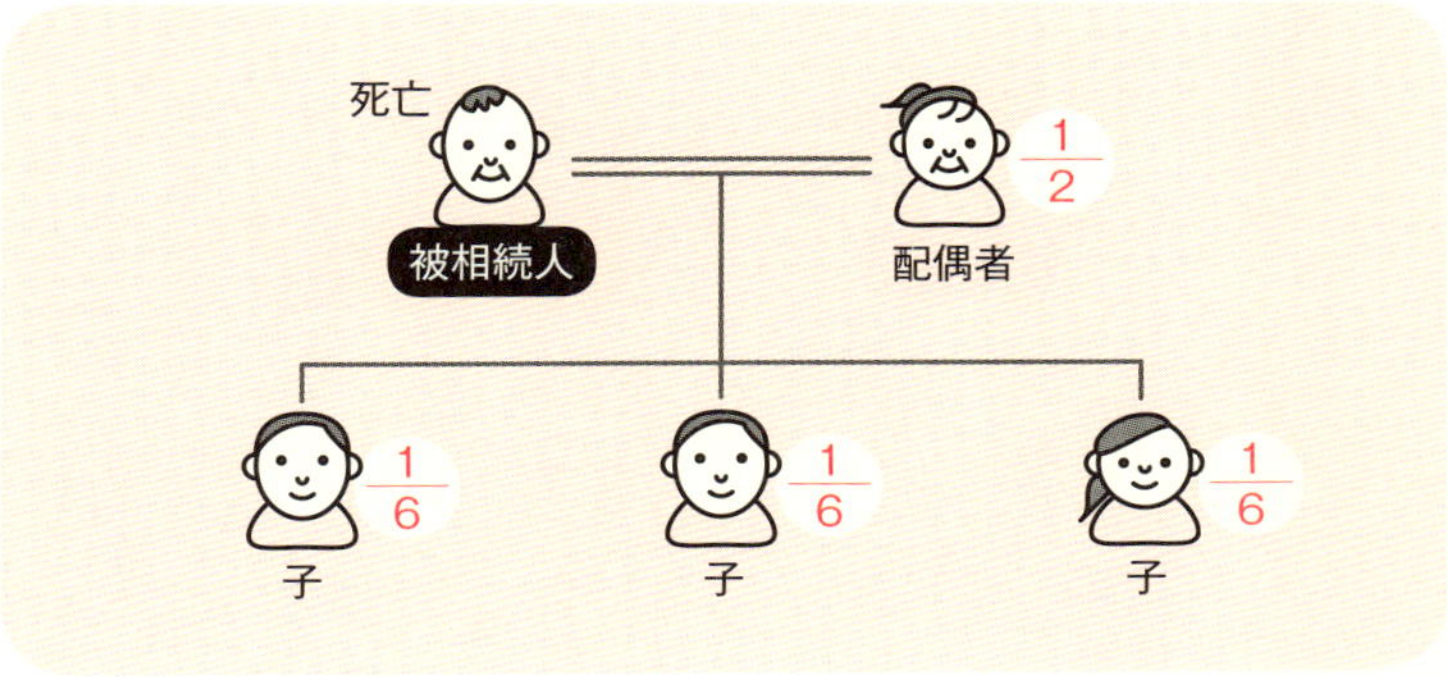

子がいない夫婦の場合 ──▶ 配偶者と直系尊属の組み合わせ

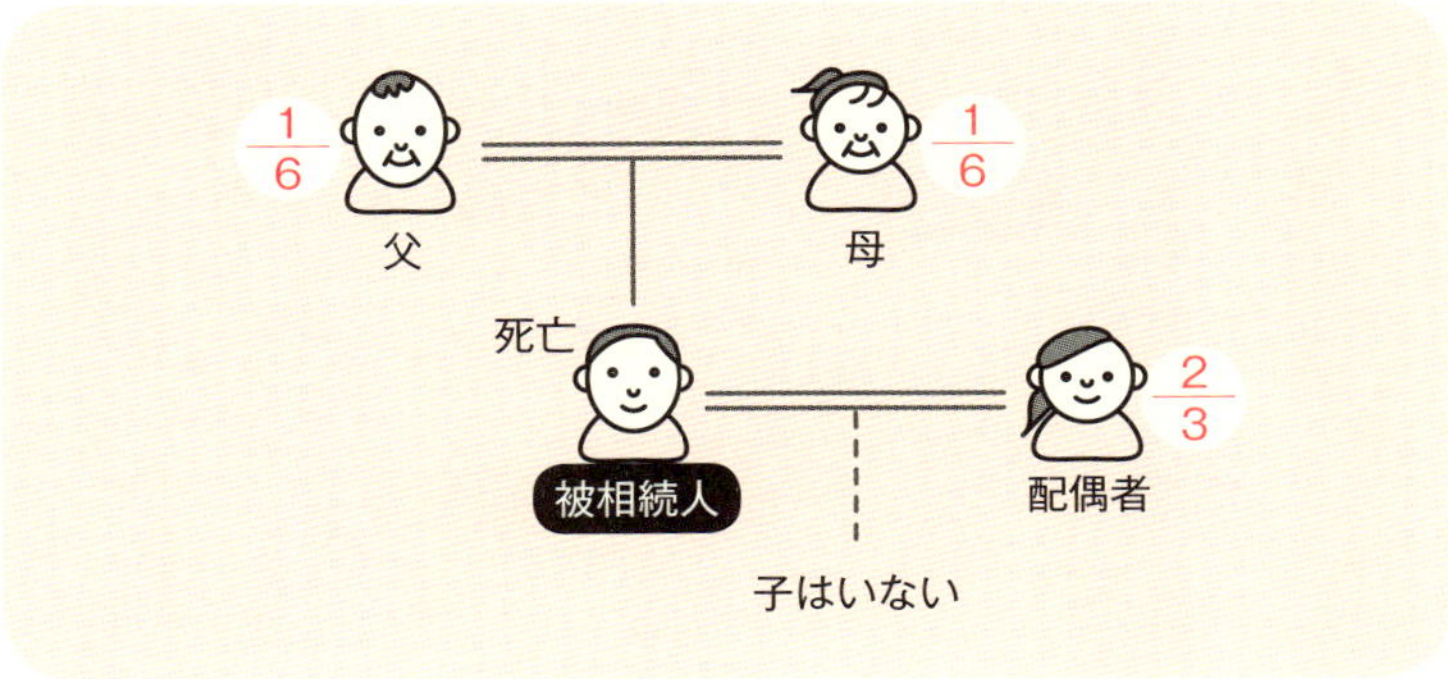

子がいない夫婦の場合 ──▶ 配偶者と兄弟姉妹の組み合わせ

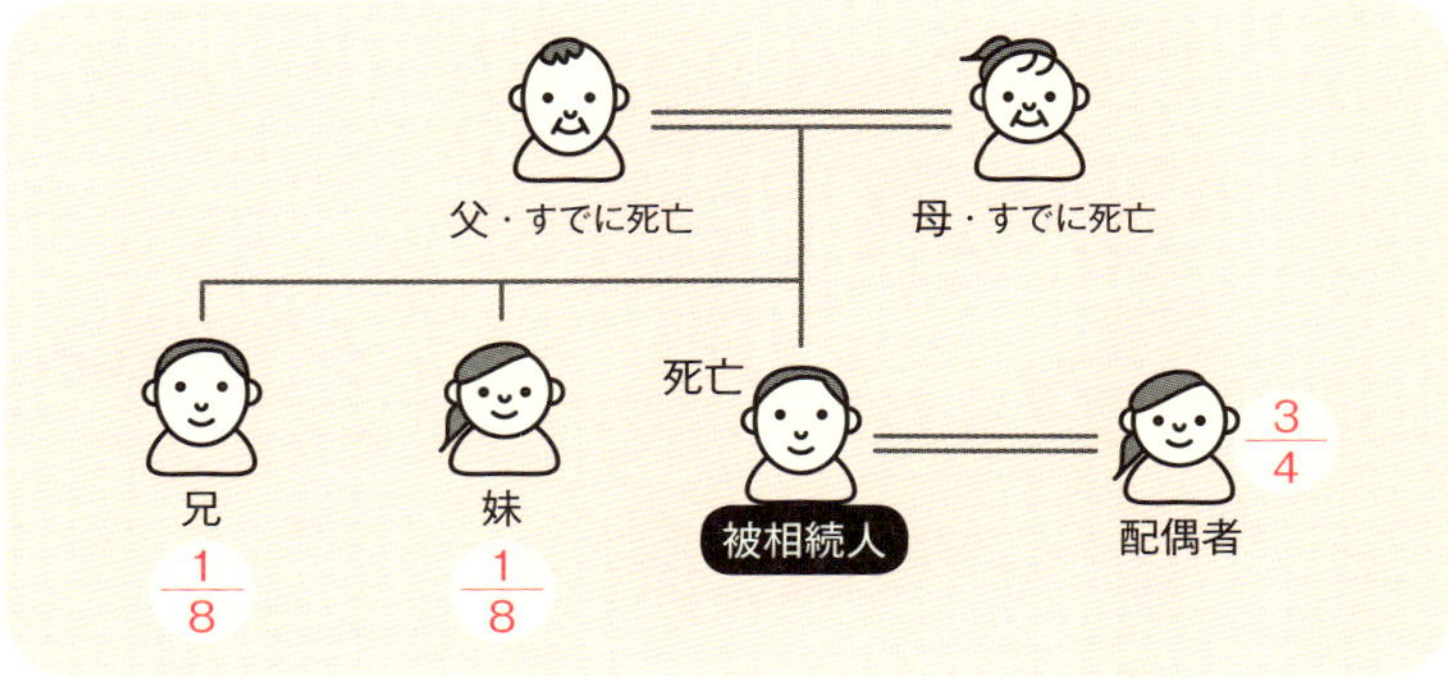

内縁の妻とその子の組み合わせ

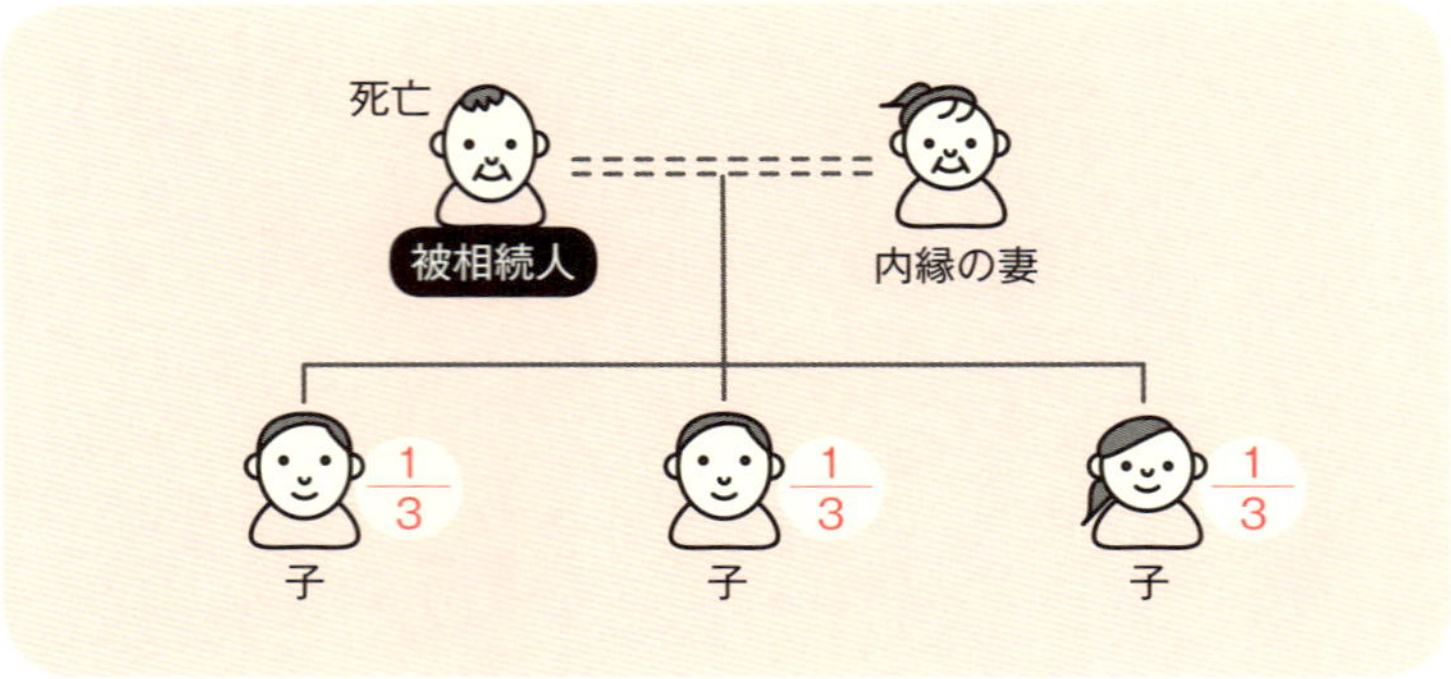

3人の子の1人が死亡し、孫がいた場合（子の代襲相続）

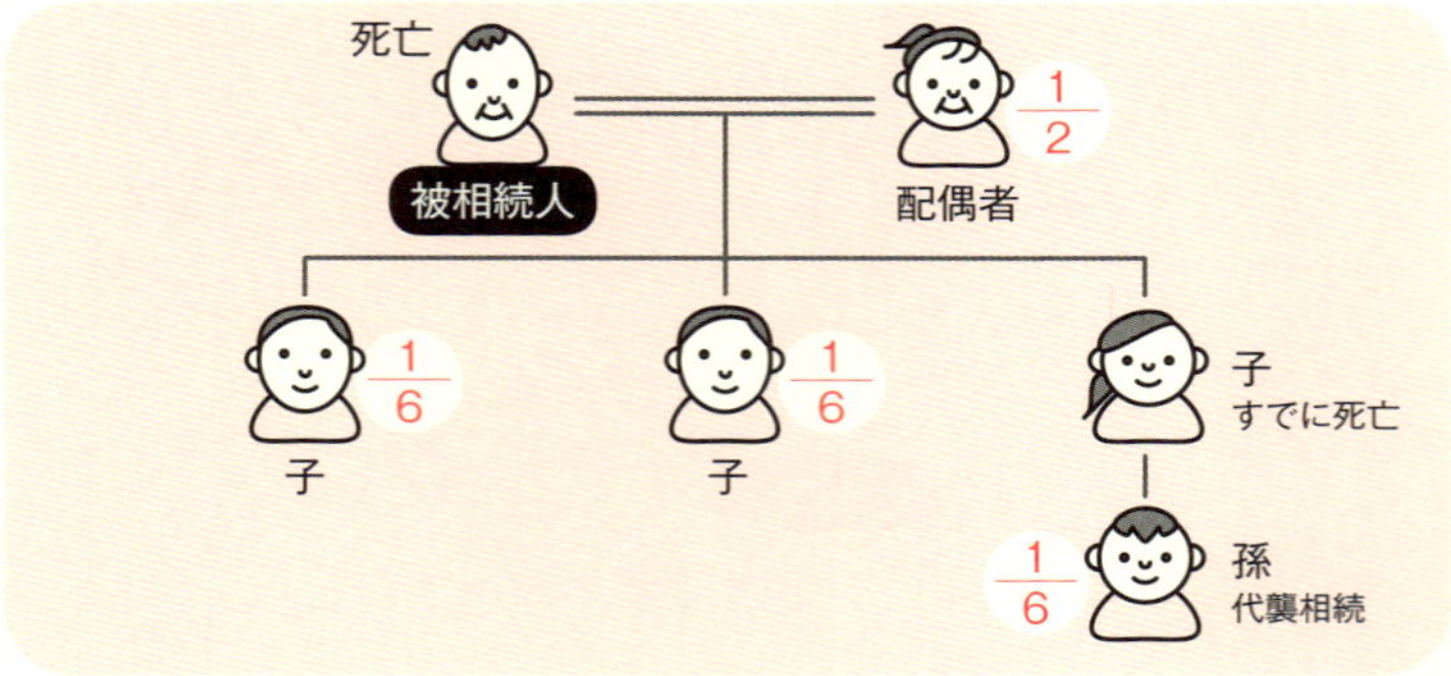

3人の子の1人が相続放棄をした場合

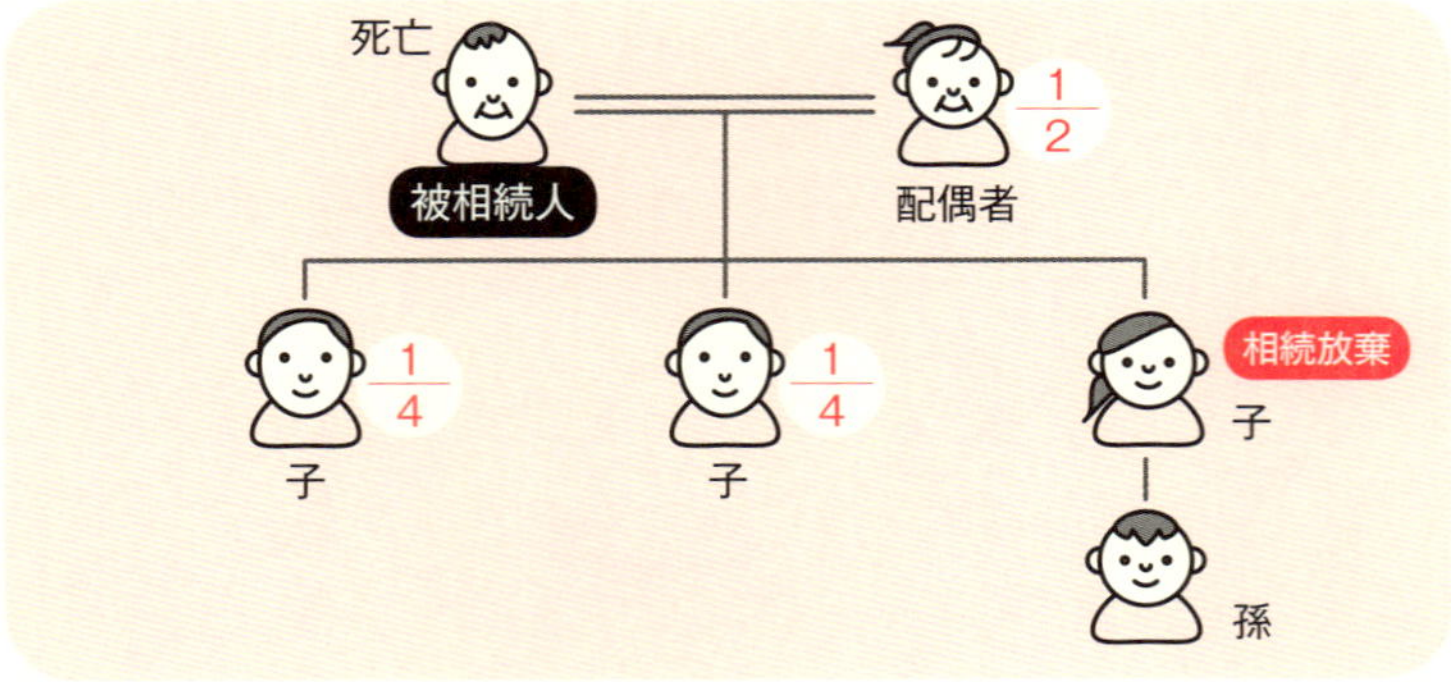

相続分の種類

法定相続分 代襲相続分	遺言書がない場合の相続分。 法定相続人が相続する資格がなくなった場合は、子や孫が代襲相続する。
指定相続分	遺言書で指定された相続分。法定相続分に優先する。
特別受益者の相続分	被相続人の生前に、被相続人から財産分与または遺贈を受けた人が受ける相続分。
寄与分	被相続人の財産形成に特別な寄与をした人が受ける相続分。

◇遺産分割の方法

相続人が複数いるときは、だれがどの財産をいくらくらいの割合で相続するかといった話し合いをして、遺産の分け方を決めなければなりません。遺産の分配を「遺産分割」といい、分配内容を話し合うことを「遺産分割協議」といいます。

最初に、相続人を確定し、遺産を確定して、財産目録を作成します。遺言がある場合は優先しますが、遺言がない場合は、相続人全員が納得すればどう分けてもかまいません。必ずしも法定相続分どおりに分ける必要はありません。

遺産の分割には決まった期限はありませんが、相続税の申告までに遺産分割が決まらないと配偶者の税額軽減の特例（第2章50ページ参照）が受けられないことがあり、それまでに分割しておいたほうがいいでしょう。

相続人同士で遺産の分割が確定できたら、遺産分割協議書を作ります。遺産分割協議書の作り方に決まったルールはありませんが、次の2点に注意します。

①相続人全員が名を連ねること

②印鑑証明を受けた実印を押すこと

さらに、相続人のなかに未成年者がいる場合は、家庭裁判所で特別代理人の選任を受けた代理人が協議を行なうことになります。

遺産分割には次のような方法があって、それぞれを組み合わせることも可能です。

①現物分割……だれがどの財産を相続するか決める方法で最も一般的

②代償分割……ある相続人が法定相続分以上の財産を取得するかわりに、ほかの相続人たちに金銭を支払う方法

③代物分割……ある相続人が法定相続分以上の財産を取得するかわりに、ほかの相続人たちに物を渡す方法

④等価分割……相続財産をすべて売却して、その代金を分割する方法

⑤共有分割……土地などは共有にして、持ち分で分ける方法

このほかに「遺産の共有」すなわち遺産を分割せずに相続人全員で共有するという選択肢もあります。

遺産分割協議書の作成例

遺 産 分 割 協 議 書

平成○年○月○日に死亡した被相続人○○○○の遺産について、同人の相続人全員において分割協議を行った結果、各相続人がそれぞれ下記のとおりの遺産を相続し、取得することと決定した。

記

1. 相続人○○○○が取得する財産
 (1) 東京都○○○区○○丁目○番
  宅地○○平方メートル
 (2) 同所同番地　家屋番号○番
  木造瓦葺き2階建て居宅1棟　床面積○○平方メートル
 (3) 同居宅内にある家財一式
 (4) ○○銀行○○支店○○○○名義の定期預金
  口座番号○○○○　○○○○万円

2. 相続人○○○○が取得する財産
 (1) 東京都○○区○○○丁目○番
  宅地○○平方メートル
 (2) 同所同番地　家屋番号○番
  軽量鉄骨造り3階建て賃貸アパート1棟　床面積○○平方メートル
 (3) ○○○○の山水画掛け軸1幅

3. 相続人○○○○が取得する財産
 (1) ○○○○株式会社の株式　○万○○○株
 (2) ○○銀行○○支店○○○○名義の定期預金
  口座番号○○○○　○○○○万円

4. 相続人○○○○が負担する債務
  平成○年度末納分固定資産税○○万円

上記のとおり、相続人による遺産分割の協議が成立したので、これを証するため、本書3通を作成し、各自1通ずつ所持する。

平成○年○月○日

東京都○○○区○○丁目○番○号
相続人　○○○○　印
東京都○○○区○○丁目○番○号
相続人　○○○○　印
東京都○○○区○○丁目○番○号
相続人　○○○○　印

◇遺留分とは

遺言書は法定相続分より効力があり、被相続人は、自分の財産を遺言によって自由に処分することができます。しかし、何もかも自由にして、たとえば愛人や他人などに与えられてしまい、遺族が生活に困るといったケースも出てきます。

こうした事態を避けるために、民法では一定の範囲の相続人が最低限相続できる財産を保証しています。これが「遺留分」です。

遺留分が侵害されたとわかったときは、相手方に財産の取り戻しを請求します。これを「遺留分の減殺請求」といいます。減殺の請求は相手方に「減殺する」という意思表示をすればよいのです。相手が応じない場合は、家庭裁判所に調停を申し立てることになります。

減殺の請求権は相続の開始および侵害されていることを知ってから1年以内、あるいは被相続人の死亡から10年が期限です。

遺留分の割合

法定相続人	配偶者	子	父母
配偶者だけ	1/2	—	—
子どもだけ	—	1/2	—
配偶者と子ども	1/4	1/4	—
父母だけ	—	—	1/3
配偶者と父母	1/3	—	1/6

※被相続人の兄弟姉妹には、遺留分の減殺請求権はありません。

◇特別受益と寄与分

相続人のなかで遺贈（遺言による贈与）を受けたり、生前の資金援助を受けた者がいるとき、相続の前渡しを受けたものとして相続分から差し引いて計算することにします。こうした相続の前渡しを「特別受益」といいます。

「寄与分」とは、①被相続人の事業に関する労務の提供、②被相続人の事業に関する財産上の給付、③被相続人の療養看護などで、被相続人の財産の維持または増加につき特別の寄与をした者があるときは、財産の価格から「寄与分」を別枠として相続し、残りを配分することになります。

4. 相続財産とは？

◇相続税のかかる財産

相続税の課税対象となるのは、亡くなった人が相続開始時において所有していた土地、家屋、立木、事業（農業）用財産、有価証券、家庭用財産、貴金属、宝石、書画骨董、電話加入権、預貯金、

「相続財産」「みなし相続財産」として相続税のかかるもの

課税財産	本来の相続財産	● 土地など……田、畑、宅地、山林その他の土地など
		● 家屋など……家屋、構築物など
		● 事業用財産……減価償却資産など
		● 有価証券……株式、出資金など
		● 預貯金……現金、預金、金銭信託など
		● 家庭用財産……家具、書画、骨董など
		● その他……立木、果樹、特許権など
	みなし相続財産	● 死亡保険金……生命保険金、共済金
		● 死亡退職金……功労金なども含む
		● 生命保険契約に関する権利 ……被相続人が保険料を負担したもので、保険事故未発生分
		● 定期金に関する権利 ……郵便年金契約などの年金の受給権
		● 信託受益権……遺言による信託受益権
		● その他……遺言による債務免除益など
	その他	● 相続時精算課税制度を選択した贈与財産

現金などの一切の財産です。

　ただし、基礎控除[※19]が定められており、遺産総額が基礎控除額より少なければ相続税は発生しません。

みなし財産

　相続税のかかる財産は、「本来の相続財産」のほかに、税法が財産とみなす「みなし相続財産」の2種類があります。相続税法では、亡くなった人が所有していた財産以外のものにも相続税を課す規定を設けています。

　みなし財産のなかでは、「生命保険金」と「死亡退職金」が代表的なものであり、ともに「非課税控除」の適用があります。保険金、死亡退職金の非課税額は、「５００万円×法定相続人数」で算出します。

相続税のかからない財産

　現在では49ページの財産が非課税とされています。お墓や仏具などが非課税とされているほか、保険金や死亡退職金のほか、勤務先などから支払われる弔慰金、寄付した財産、

※19 相続税の基礎控除　相続税がかからない範囲を基礎控除額という。相続税を計算するときには、遺産額から基礎控除額が差し引ける。遺産額が基礎控除額より少なければ、相続税は不要となる。基礎控除額は現在のところ、「5000万円＋1000万円×法定相続人数」で算出される。

課税対象から除かれる財産

非課税財産	●墓地、墓石、祭具など ●公益事業用の財産…………宗教など公共の用に供するもの ●生命保険金……………………500万円×法定相続人分 ●死亡退職金……………………500万円×法定相続人分 ●弔慰金　………………………（例）業務上の死亡：給料の３年分 （例）その他の死亡：給料の６か月分 ●その他…………………………公益法人への寄付など
債務控除	●債務……………………………借入金、未払い金など ●葬式費用

葬式費用の扱い

葬式費用とされるもの	1　埋葬、火葬その他に要した費用 （仮葬式と本葬式を行う場合は双方の費用） 2　葬式に際し支払われた金品で、被相続人の職業、財産などから相当程度と認められるものに要した費用 3　その他、葬式の前後に要した費用で通常葬式に伴うと認められるもの 4　遺体の捜索または遺体もしくは遺骨の運搬に要した費用
葬式費用とされないもの	1　香典返礼費用 2　墓地及び墓碑の購入費ならびに墓地の借入料 3　法要に要した費用 4　医学上または裁判上の特別の処置に要した費用

災害見舞金などは、一定の金額を非課税とすることになっています。

◇負債は相続財産から差し引ける

相続税を計算するとき、債務控除として相続財産から差し引くことができるのは、住宅ローンなどの借入金、医療費などの未払い債務、未納の税金と葬式費用です。賃貸物件の敷金、保証金もいずれは権利者に返す預り金なので引くことができます。

相続財産から差し引けるもの

・債務……借入金、未払い金、生前の医療費、入院費
・税金……死亡した年の所得税、期限が未到来の死亡年の固定資産税・住民税
・葬式費用

◇配偶者の税額軽減の特例

相続税には、配偶者の税額軽減の特例があります。配偶者が取得した正味の遺産額が1億６０００万円まで、あるいは配偶者の法定相続分相当額（50％）までなら相続税はかからないという制度です。ただし、この特例は〝申告要件〟となっていて、適用を受けるには相続税の申告書を提出しなければいけません。また、遺産分割協議がまとまっている必要があります。

コラム

家や家族の意識は変わりつつある

――家も家業も継承できない現状

かつて日本の典型的な家族像というと、祖父母、父母、子の3世代が同居するイメージがありました。祖父母と両親、子どもたちが一緒に生活しており、おじおばの家とも行き来しながら暮らしているのが一般的だったでしょう。そして、家長を中心に家や家業を守っていくという図式ができていました。

家業がない家庭にしても、子どもは親と同居して面倒をみていくのが当然としてきた時代がありました。

いまでも、代々続いている家や家業を継承していくことを相続の方針にしている家庭はあります。長男が親と同居するのが当然だとする家庭もあるでしょう。

しかし昨今、そうした典型的だった家族のかたちは変化してきています。

いまや家も家業も継承できない時代になっているのです。

変化は相続にも影響しています。長男だから親と同居、という図式ばかりではなくなり、親と同居しているのが、次男や三男だったり、次女、三女だったりします。あるいは、子どもの誰とも同居しないで、親は夫婦2人で暮らし、どちらかが亡くなっても子どもの世話になることは考えずにそのままひとり暮らしということもあります。

こうした時代を迎えたわけですから、親と同居をしない場合、子どもたちの立場は長男、次男など関係なく、法的には同等だという権利を主張する意識を持つことになるのでしょう。長男だから、長女だからという長子の権限はなく、発言力は誰もが同じとなっているのが近ごろの特徴です。

第3章

遺言書を作る人、それぞれの事情

遺言書作成のお手伝いをした「実例」を紹介します。
それぞれの方の事情や思いは千差万別ながら、
遺言を用意することで、深刻な争いは避けられます。
自分の家族関係や現在の境遇や、
自分の思いと照らし合わせてみましょう。

同居する姉妹で相続しあう

◇家族と相続の状況

長女と四女は独身、マンションを買って共同生活

佐藤幸子さん（70代）と和子さん（60代）は、5人きょうだいで、長男以外は女性です。長女の幸子さんと四女の和子さんは、ちょうど一回り年齢が離れているせいか、いままでけんかをしたこともありません。ともに独身で仕事を続けながら、節約をしてコツコツ貯めてきました。そうして実家の近くで環境のよい立地に分譲マンションが建ったとき、半分ずつ貯金を出しあい、共有名義で4LDKのマンションを購入したのです。

そのマンションは最寄り駅まで歩いて8分程度で、

相続人関係図

●遺言作成者：佐藤幸子さん（70代）
　佐藤和子さん（60代）
●推定相続人：きょうだい

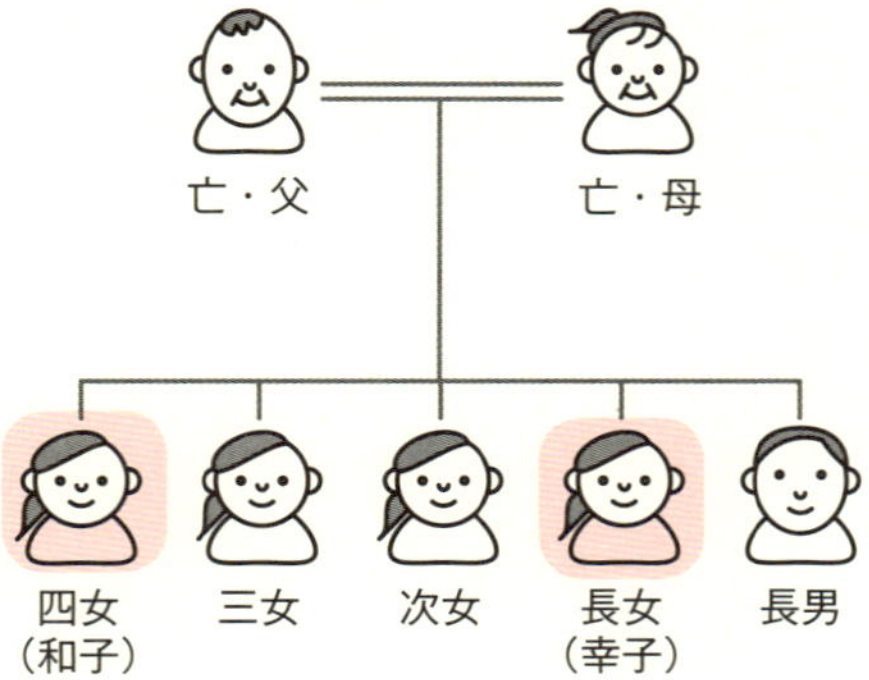

相談の結果、こうなりました！　佐藤幸子さん、和子さんの遺言書

遺　言　書

遺言者　佐藤幸子は下記のとおり遺言する。

第１条　遺言者は、遺言者の有する下記の不動産を、遺言者の妹 佐藤和子（昭和○○年○月○日生）に相続させる。

区分所有建物及び敷地権

所　在	○○市○○町　○○番地○　（中略）
家屋番号	○○町　○○番○の○○　（中略）
構　造	鉄筋コンクリート造１階建て
床面積	４階部分　○○㎡
共有持分	遺言者の共有持分2分の1

第２条　遺言者は、本遺言の執行者として、上記妹 佐藤和子を指定する。遺言執行者は、不動産の名義変更等、本遺言を執行するために必要な一切の権限を有する。

平成○○年○月○日　○○市○○町○○　　遺言者　佐藤幸子　印

遺　言　書

遺言者　佐藤和子は下記のとおり遺言する。

第１条　遺言者は、遺言者の有する下記の不動産を、遺言者の姉 佐藤幸子（昭和○○年○月○日生）に相続させる。

区分所有建物及び敷地権

所　在	○○市○○町　○○番地○　（中略）
家屋番号	○○町　○○番○の○○　（中略）
構　造	鉄筋コンクリート造１階建て
床面積	４階部分　○○㎡
共有持分	遺言者の共有持分2分の1

第２条　遺言者は、本遺言の執行者として、上記姉 佐藤幸子を指定する。遺言執行者は、不動産の名義変更等、本遺言を執行するために必要な一切の権限を有する。

平成○○年○月○日　○○市○○町○○　　遺言者　佐藤和子　印

商店街や公園もあり、緑も多いので、快適な生活を送っています。思い切ってマンションを購入して本当によかったという思いで、これからも2人で仲よく助け合って生活していきたいと考えています。

姉の幸子さんは先に定年を迎えて、ゆったりと生活していましたが最近、妹の和子さんも定年を迎え、ともに時間ができてきたのです。幸子さんは活動的で元気ですが、70代になり、一緒に生活する和子さんと将来の話をすることも多くなりました。いまの時代、みな長生きにはなりましたが、先のことはわかりません。どちらが先に亡くなっても、相続手続きで困ったり争ったりせずに、いまのマンションに住み続けられるようにしておきたいと、相続コーディネーターに相談することにしました。

◆遺言書を作る理由

姉妹で買ったマンション。どちらが先に亡くなっても互いに相続したい

いまのところ、兄や姉妹のあいだで争いごとはありません。幸子さんが「姉妹4人とも独身なので、老後は四姉妹一緒に生活できればと思って広めの間取りを購入した」というほど仲よしです。兄とも円満な関係なので、2人のマンションの権利を要求する人はいないだろうと思っていますが、きちんと文書にしておけば安心できることがわかりました。

そこで、互いに遺言書を作成し、どちらかが亡くなった場合は残されたほうがマンションの

半分を相続できるような内容の遺言書を作成しました。幸子さん、和子さんが自分たちのお金を出しあって買ったマンションですから、兄や姉妹もそうした内容の遺言を作ることに異論はないことも確認し、より安心できました。

◇ここがポイント

・配偶者も子も親もいないため、相続人は兄と姉妹となる。財産の大部分が不動産のため、均等に分けるには売却するしか方法がない。遺言書を作ることで、売却せずに、残されたほうがそのまま住み続けることができる。

・遺言書に不動産だけしか記載していない場合は、そのほかの預貯金や保険などの財産については、相続時に分割協議が必要となる。遺言のなかで全部指定しておけば、もめごとを防ぐことができる。

自分たちで築いた財産は夫婦間で相続したい

坂本 博さん

子なし

家族と相続の状況

同級生夫婦で共稼ぎ、子どもには恵まれなかった

坂本博さん（50代）は、国立大学の大学院で学び、博士号を取得しました。現在は私立大学の教授として毎日学生と接しています。社会人教育にも力を注いでおり、セミナーを開催したり、書籍を出版したりするなどして活躍しています。

妻の洋子さん（50代）とは高校の同級生です。子どもに恵まれなかったこともあり、互いに助け合っていまの生活を築いてきました。

結婚してしばらくは親と同居していましたが、独立して2人の資金で現在の住まいを購入しました。その

相続人関係図

●遺言作成者：坂本博さん（50代）大学教授
坂本洋子さん（50代）デザイナー

●推定相続人：配偶者、母またはきょうだい

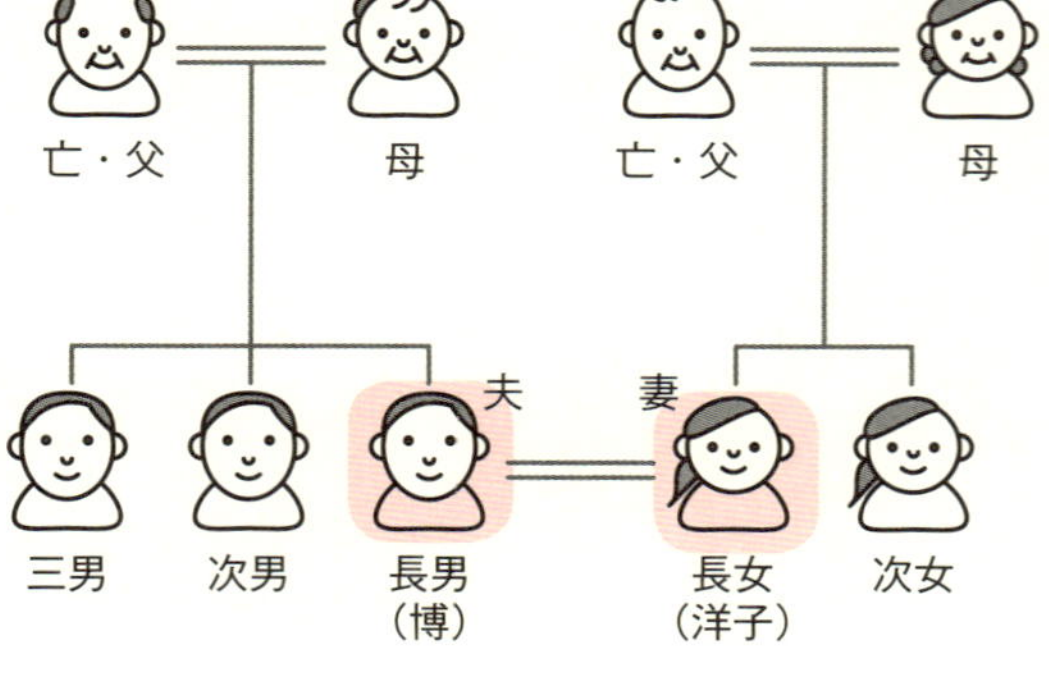

相談の結果、こうなりました！

坂本 博さんの遺言書

※洋子さんの遺言書も同じ内容です

遺　言　書

遺言者　坂本 博は下記のとおり遺言する。

第１条　遺言者は、その所有する下記の不動産の共有持分の全部ならびに遺言者名義の預貯金及びその他一切の財産を遺言者の妻 坂本洋子に相続させる。

記

不動産の表示　（1）所在　○○県○○市○○
地番　○○番○
地目　宅地
地積　○○㎡
遺言者の共有持分　○分の○
（2）所在　○○県○○市○○
家屋番号　○○番○の○
種類　居宅
構造　木造スレート葺２階建
床面積　１階○○㎡　２階○○㎡
遺言者の共有持分　○分の○
（3）所在　○○県○○市○○
構造　鉄筋コンクリート造陸屋根１１階建
地積　○○○㎡
専有部分の建物表示
家屋番号　○○番○○の○
建物名称　○○○
種類　居宅
床面積　○○階部分　○○㎡
遺言者の共有持分　○分の○

第２条　遺言者は、本遺言の遺言執行者として遺言者の妻 坂本洋子を指定する。なお、遺言執行者は、本遺言の執行に必要なすべての権限を有するものであり、預貯金その他の財産の名義変更、払戻し、解約、貸金庫の開扉等を行うことができるものであることを念のため申し添える。

平成○○年○月○日

○○県○○市○○

遺言者　坂本 博

印

後、洋子さんが仕事場にしているマンションも購入しました。両方とも夫婦2人の共有名義です。洋子さんはファッション関係の仕事をずっと続けてきました。子どもがいれば違った生活だったかもしれませんが、共働きで暮らしてきたので2か所の不動産を買うことができたのです。

2人ともまだ50代ですが、そろそろ先のことも考えないといけない年代になりました。夫婦で築いた財産は、自分の意思できちんとしておきたいという気持ちで相談しました。坂本さん夫婦はともに長男、長女で、それぞれきょうだいがいます。

◇遺言書を作る理由

配偶者のきょうだいに財産を分けるのは理不尽、争いも避けたい

子どもがいないので、夫婦どちらかが亡くなった場合、亡くなった人の親や兄弟姉妹にも相続の権利があります（第2章32ページ参照）。親から相続した財産を兄弟姉妹に分けるのならまだ納得できますが、夫婦2人で築いた財産を法律で決められているからといって、義理の弟妹に相続させることは納得しがたい気持ちです。

自分の弟妹ならまだいいのですが、配偶者の弟妹となるとそもそも他人ですから、財産の話をすることはできれば避けたいというのが本心です。

そこで、互いに「全財産を配偶者に相続させる」とした遺言書を作成しました。これで相続のときに相手の弟妹に気を遣う必要がなくなり、気持ちが楽になりました。

◇ここがポイント

・子どもがいないので、夫婦どちらかが亡くなったときの相続人は、配偶者と親あるいは兄弟姉妹となる。遺言書がないと配偶者だからといっても相手の財産の全部を相続することはできない。

・遺言があれば、配偶者の兄弟姉妹と話し合うことなく相続の手続きができる。兄弟姉妹には遺留分の請求権がないので（第2章45ページ参照）、もめごとには発展しにくい。

鈴木節子さん

再婚

実家の財産は、夫や先妻の子に相続させたくない

◆家族と相続の状況

父親の不動産を相続して実家を守る

鈴木節子さん（40代）は妹と2人姉妹です。母親は、節子さんが中学生のころに亡くなりました。その後は祖母が家事をしてくれたことで、不自由はありませんでした。祖母が亡くなり、節子さんは他県へ嫁ぎ、妹も結婚して実家の近くに住んでいました。妹夫婦に子どもができたとき、父親の敷地の一部に家を建てて住むようになりました。節子さんにとってもひとり暮らしの父親のそばに妹一家が住んでくれることには大賛成でした。

父親が亡くなって財産を相続したとき、相続の配分

相続人関係図

●遺言作成者:鈴木節子さん（40代）専業主婦

●推定相続人:夫、妹

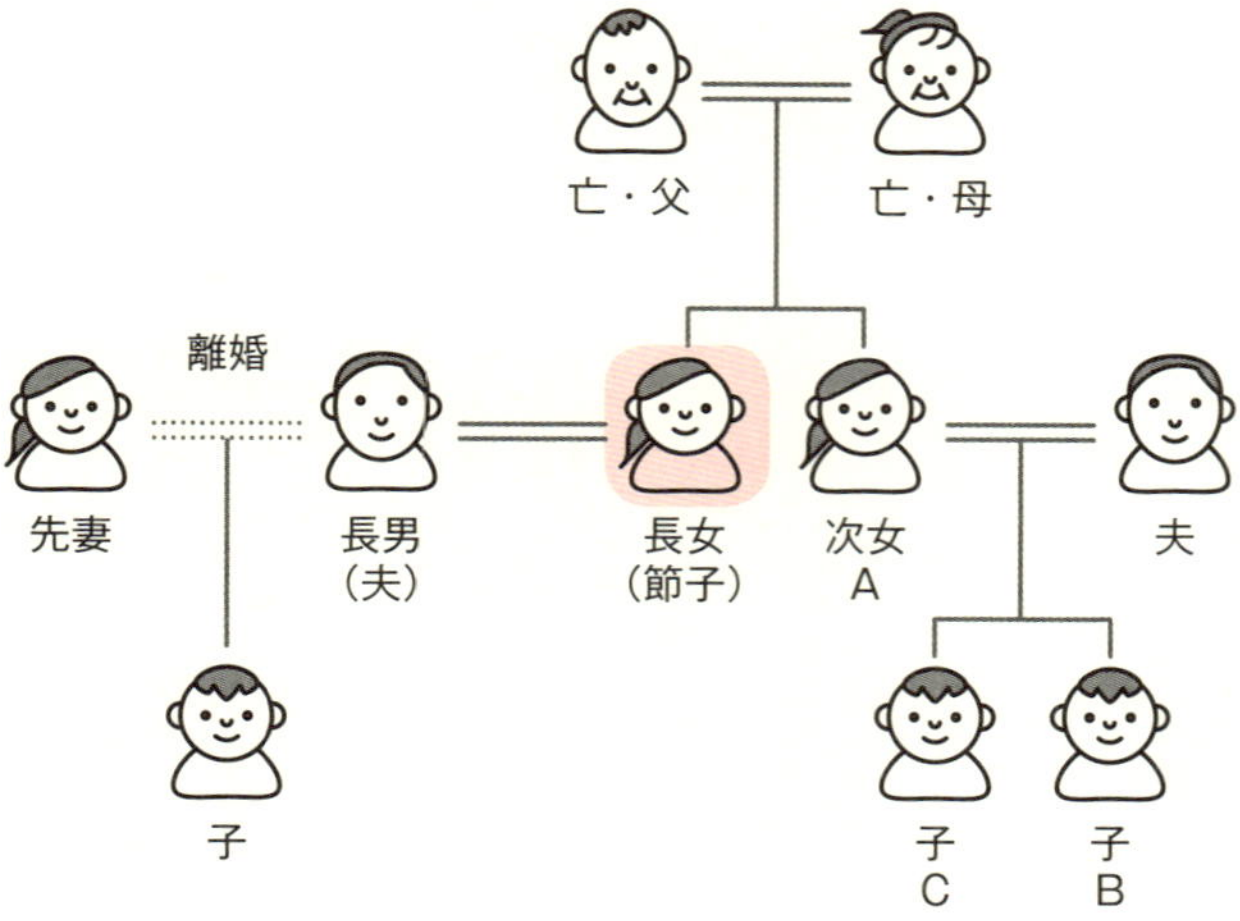

相談の結果、こうなりました！　鈴木節子さんの遺言書

遺　言　書

遺言者　鈴木節子は下記のとおり遺言する。

第１条　遺言者は、遺言者の所有する不動産全部を、
遺言者の妹Ａ（昭和○○年○月○日生）
に相続させる。

第２条　前条の妹Ａが先に亡くなっている場合は、
妹Ａの子Ｂ（昭和○○年○月○日生）と
妹Ａの子Ｃ（昭和○○年○月○日生）に
等分に相続させる。

第３条　遺言者は、遺言の執行者に妹Ａ及び
妹の子Ｂ、Ｃを指定する。

平成○○年○月○日　　　○○県○○市○○

遺言者　鈴木節子　印

は、地元にいる妹に6割、他県に嫁いだ節子さんに4割としました。父親が残した財産は土地が多く、節子さんも妹も土地を相続しています。実家の土地と建物は節子さんが守ることにしました。いまはときどき見に行く程度ですが、夫の理解が得られたら、実家に引っ越したいと考えています。

節子さんは初婚で夫と結婚しましたが、夫は再婚で、先妻とのあいだに子どもが1人います。節子さんが夫と出会ったころには夫はすでに先妻と離婚しており、子どもは先妻が育てていたので一度も会ったことはありません。けれども節子さん夫婦は子どもに恵まれなかったので、夫にとっては先妻の子が一人息子になります。

◆遺言書を作る理由

夫の先妻の子に自分の財産を渡したくない

節子さんは、父親から相続した財産を夫には渡したくないと考えています。仮に節子さんが夫より先に亡くなると、夫が節子さんの実家を相続することになります。そして夫が亡くなると、他人である先妻の子に相続されるわけですから、それは許しがたいという気持ちです。実家の隣には妹家族が住んでいるので、妹や妹の子に継いでもらいたいのです。

節子さんが夫より先になくなった場合、相続割合は夫が4分の3、妹が4分の1ですから、遺言がないと財産の大部分となる不動産を夫が相続することになります。そこで、父親から相続した節子さん名義の財産は、夫には相続させず、すべて妹に相続させるという遺言書を作成しました。夫が先に亡くなればこうした心配は不要ですが、そればかりはわかりません。遺言を作ったことで、夫の先妻の子に土地を渡すことは避けられ、安心することができました。

◇ここがポイント

・節子さんが夫より先に亡くなると、法定割合は夫4分の3、妹4分の1で夫の権利が強い。夫に相続された財産は、夫の死後すべて夫の先妻の子に相続されることになる。遺言を残すことで、実家の土地と建物を妹家族に残すことができる。

・もし夫が先に亡くなると、節子さんと先妻の子が相続人となる。夫にも遺言書を書いてもらえば、先妻の子と協議することなく、節子さん1人で相続の手続きができるのでより安心できる。

・妹が先に亡くなっても遺言が生かせるよう、妹の子に相続させるようにしておく。

山崎健一さん

離婚

後妻と先妻の子がもめないように

家族と相続の状況

先妻と離婚後、子どもを引き取り再婚

山崎健一さん（40代）はサラリーマンです。先妻と離婚し、２人の子どもを自分が引き取って再婚しました。先妻と離婚に至った理由は、後妻の存在があったからで、少なからずゴタゴタもあり、子どもにも寂しい思いをさせてしまいました。しかし、後妻とのあいだにも子どもに恵まれ、いまは家族５人で仲よく暮らしています。

後妻は、先妻の子も自分の子と分け隔てなく接してくれるので、健一さんは再婚した妻にはとても感謝しています。

相続人関係図

●遺言作成者：山崎健一さん（40代）会社員

●推定相続人：後妻A、先妻の長女C、長男D、後妻の長女E

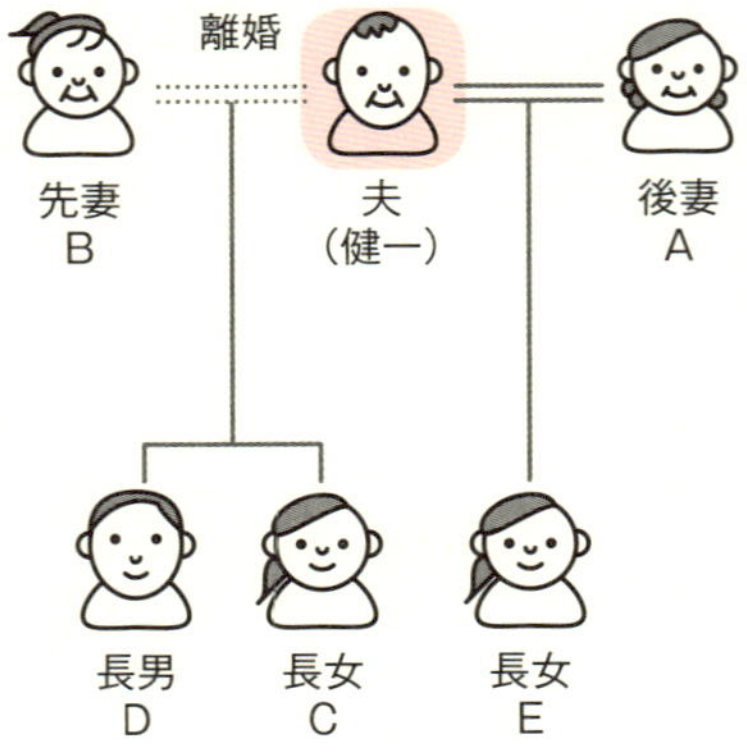

相談の結果、こうなりました！　山崎健一さんの遺言書

遺　言　書

遺言者　山崎健一は下記のとおり遺言する。

第１条　遺言者は、遺言者所有の全財産（ただし、第2条の生命保険金及び第3条の年金等を除く）および負債を、遺言者の妻Ａ（昭和○○年○月○日生）、先妻Ｂとの間の長女Ｃ（昭和○○年○月○日生）、同長男Ｄ（昭和○○年○月○日生）および現在の妻Ａとの間の長女Ｅ（平成○○年○月○日生）の４名に対し、各４分の１の割合で相続させる。
なお、下記不動産については、遺言執行者において売却処分し、その換価代金から租税を含む必要経費を控除した残額を、遺言者所有のその他の財産と合算した上、上記4名に対し、上記の割合で相続させる。

記

1	所在	○○県○○区○○
	地番	○○番○
	地目	宅地
	地積	○○㎡
2	所在	○○県○○区○○　○○番○
	家屋番号	○○番○の○
	種類	居宅
	構造	木造スレート葺3階建
	床面積	1階○○㎡　2階○○㎡　3階○○㎡

第２条　遺言者を被保険者とする生命保険の保険金については、受取人が指定してあるものは、その指定どおりにそれぞれが受け取るものとする。

第３条　遺言者の年金については、妻Ａが受け取るものとするが、児童手当等はそれぞれの子供に渡すものとする。

第４条　遺言執行者は、遺言者の死亡時に長女Ｃと長男Ｄが未成年であるときは、遺言者の実姉○○に依頼して家庭裁判所に両名のため後見人選任申立ての手続きを取ること。
なお、遺言者は長女Ｃと長男Ｄの後見人には実姉○○が適任であると考えているので、家庭裁判所にはその旨申し述べてほしい。

平成○○年○月○日

○○県○○市○○

遺言者　山崎健一　印

◆遺言書を作る理由

自分の死後、妻が先妻の子を冷遇しないか不安

まだまだ若いとは思っていますが、急な病気や事故などあるかもしれません。そのとき家族が不安にならないように、健一さんは自分の意思を残しておきたいと考えました。

いまは仲よく暮らしていますが、後妻と先妻の子どもとのあいだに〝多少の遠慮〟が見え隠れするのです。後妻を信頼しているものの、自分の死後、先妻の子どもを追い出したり、冷遇したりするのではとの一抹の不安もあります。

義理の親子関係は複雑です。一緒に仲よく暮らしてきた年月があったとしても決裂することもあるでしょう。一家の主軸である健一さんがいるときはまとまっていても、亡くなるとこじれてしまうかもしれません。遺言によって財産分与を決めておくことで争いが防げるので、家族の不安もなくなると遺言書を作ることにしました。

健一さん亡きあと、共同生活が難しくなることも想定し、自宅は売却して、預金、生命保険とともに後妻と先妻の子たちで等分に分けるようにしました。法定割合からは少しはずれますが、熟慮した結果ですから後妻は理解してくれるはずです。

遺言を執行するときに子どもが未成年だった場合は、後見人が必要です。健一さんの意思を理解している実姉を後見人として指定する内容も盛り込みました。遺言書を書くとなると思いのほか、財産分与の決め方が難しく、かなり時間がかかりましたので、できあがったときは肩

の荷が下りたようでした。

◇ここがポイント

・先妻の子、後妻、後妻の子の立場の違いは状況が変わるとこじれることも想定される。健一さんの死後、後妻が先妻の子を追い出さないとも限らない。不動産の処分を遺言しておくことで、不動産にしばられることなく、それぞれがその後の人生を送ることができる。

・遺言書は高齢になってから用意しようと考えていても、不慮の事態はいつ起こるともわからないもの。家族関係が複雑で、少しでも不安がある場合は、早めに用意しておくことで安心できる。

・遺言を執行するときに、子どもが未成年だった場合には後見人が必要となる。後見人に信頼できる者を指定しておくと、より安心といえる。

高橋京子さん　不仲

父親の相続でもめた兄姉に財産は渡したくない

家族と相続の状況

亡父の会社を継いだ兄と姉から冷遇されてきた

高橋京子さん（50代）は4人きょうだいの次女です。兄と姉は結婚して配偶者と子どもがありますが、京子さんと三女の悦子さん（40代）はともに独身です。母親を25年前に亡くし、家事を切り盛りする必要があったため、婚期を逃してしまいました。実家は代々続く農家で、父親は先代から多くの土地を相続しました。しかし、父親は農業より商才があったようで、若いころから知人と鉄工所の共同経営を始め、ほどなく4つの会社を経営するようになりました。自分の土地に工場や会社事務所を建てて、それぞれが軌道に乗ってい

相続人関係図

●遺言作成者：高橋京子さん（50代）自営業
　　　　　　　高橋悦子さん（40代）自営業

●推定相続人：兄姉妹

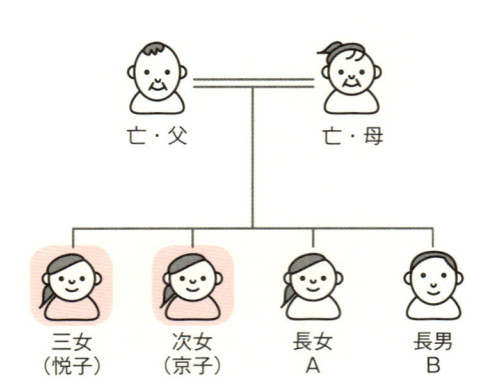

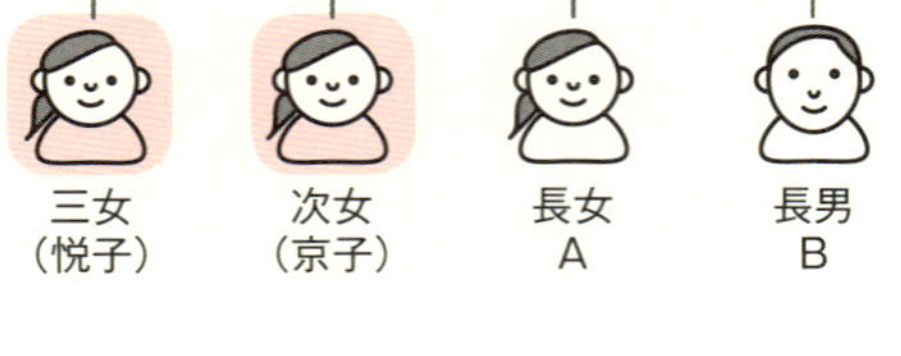

相談の結果、こうなりました！　高橋京子さん、悦子さんの遺言書

遺　言　書

遺言者　高橋京子は下記のとおり遺言する。

第１条　遺言者は、遺言者所有の不動産、預貯金等財産全部を、遺言者の実妹高橋悦子（昭和○○年○月○日生）に相続させる。
第２条　遺言者は、本遺言の執行者として前記高橋悦子を指定する。
第３条　遺言者は、遺言者の姉Ａ（昭和○○年○月○日生）及び実兄Ｂ（昭和○○年○月○日生）に対しては、遺言者の財産を一切相続させない。

付言事項
亡くなった父親の相続手続きに際し、姉Ａはあまりに横暴な態度で高圧的に物事を進めようとした経緯があり、姉妹の情が全くないことがわかり、愕然とした次第です。
私と妹高橋悦子は、今まで父親の身の回りの世話についても献身的にしてきたことを考えると、姉Ａの今回の態度が許せない気持ちであり、父親から相続した財産は姉Ａと兄Ｂには一切相続させるつもりはないことを明記します。

平成○○年○月○日　　○○県○○市○○

遺言者　高橋京子　印

遺　言　書

遺言者　高橋悦子は下記のとおり遺言する。

第１条　遺言者は、遺言者所有の不動産、預貯金等財産全部を、遺言者の実姉高橋京子（昭和○○年○月○日生）に相続させる。
第２条　遺言者は、本遺言の執行者として前記高橋京子を指定する。
第３条　遺言者は、遺言者の長姉Ａ（昭和○○年○月○日生）及び実兄Ｂ（昭和○○年○月○日生）に対しては、遺言者の財産を一切相続させない。

付言事項
亡くなった父親の相続手続きに際し、姉Ａはあまりに横暴な態度で高圧的に物事を進めようとした経緯があり、姉妹の情が全くないことがわかり、愕然とした次第です。
私と姉高橋京子は、今まで父親の身の回りの世話についても献身的にしてきたことを考えると、姉Ａの今回の態度が許せない気持ちであり、父親から相続した財産は姉Ａと兄Ｂには一切相続させるつもりはないことを明記します。

平成○○年○月○日　　○○県○○市○○

遺言者　高橋悦子　印

ました。

父親の会社には兄と姉が入社して、実務を執り仕切ってきました。京子さんと悦子さんは姉と波長が合わず、経営には参加させてもらえませんでした。兄とは行き来がありましたが、姉とはずいぶん前より意思の疎通がはかれなくなっていたのです。

決裂したのは、父親が亡くなったときです。姉が詳しい説明もせずに、相続手続きをどんどん進めて押し切ろうとしたため、京子さんと悦子さんは不信感でいっぱいになりました。兄も姉側についたので、頼ることはできません。

そんなときに相続コーディネーターの存在を知りました。相談した結果、兄姉と遺産分割協議を不利にならずに終えることができたのです。京子さんと悦子さんは、予想以上に父親の財産を相続することができ、そのお金で、2人で住めるマンションを共同で購入し、快適な生活がスタートしました。

◇遺言書を作る理由

父親の相続で対立した兄、姉に自分の財産を残したくない

こうして相続手続きは一段落しましたが、京子さんと悦子さんはまだすっきりしないことがありました。2人とも独身ですから、亡くなると自分たちの財産は兄姉やその子どもたちに相続されることになります。いままでの兄姉の言動は許しがたく、今後は頼るつもりはありません。

それだけに財産も1円もやりたくないのが本音です。

そこで、京子さんと悦子さんのどちらが先に亡くなっても、残る一方が財産を相続できるような遺言書を作りました。京子さんと悦子さんは、今後も2人で支え合って生活するつもりです。遺言書を作ったことで兄姉とのしがらみから解放されて自由に生きることができそうです。

◆ここがポイント

・兄や姉が先に亡くなると、その子ども（甥姪）が代襲相続人となる。悦子さんと京子さんは、兄姉ともめた過去があるので、甥姪とも円満にいかなくなる可能性もある。遺言があれば、甥姪と直接協議することなく相続手続きができる。

・兄弟姉妹には遺留分の請求権がなく、遺言により相続させる財産がなくても遺言の内容が実現できる。

子の1人を亡くし、認知した子がある

◇家族と相続の状況

認知した子があり、家族関係が複雑

吉田正作さん（70代）の家業は、天保時代創業の造り酒屋です。近江商人で地元に大きなお屋敷や土地がありながら、他県を拠点に商売を展開して、さらに財産を増やしてきました。大地主の家柄で資産家ですので、地元でも商売をする土地でも寺や神社の総代を務めてきました。家督相続制度の時代に、長男の正作さんが家長として、先代からの名前も踏襲するとともに財産も相続しました。正作さんのきょうだいをはじめ親族も、その財産の恩恵で生活をしてきたのです。

吉田家は酒造業のほかに、スーパーマーケットも経

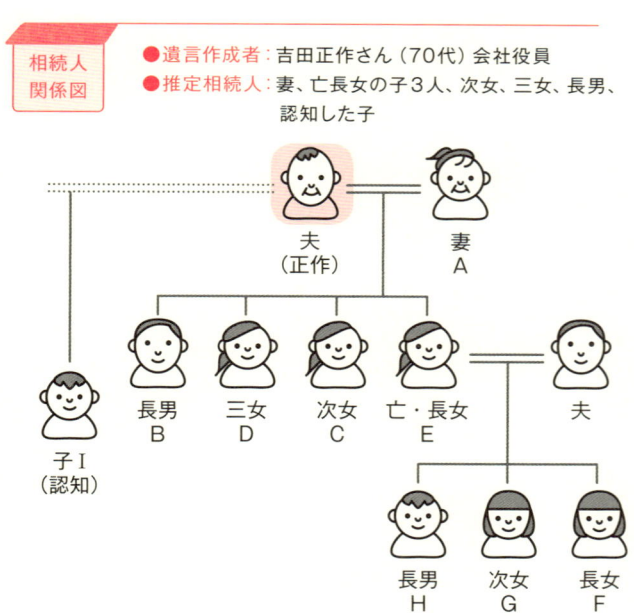

相続人関係図

●遺言作成者：吉田正作さん（70代）会社役員
●推定相続人：妻、亡長女の子3人、次女、三女、長男、認知した子

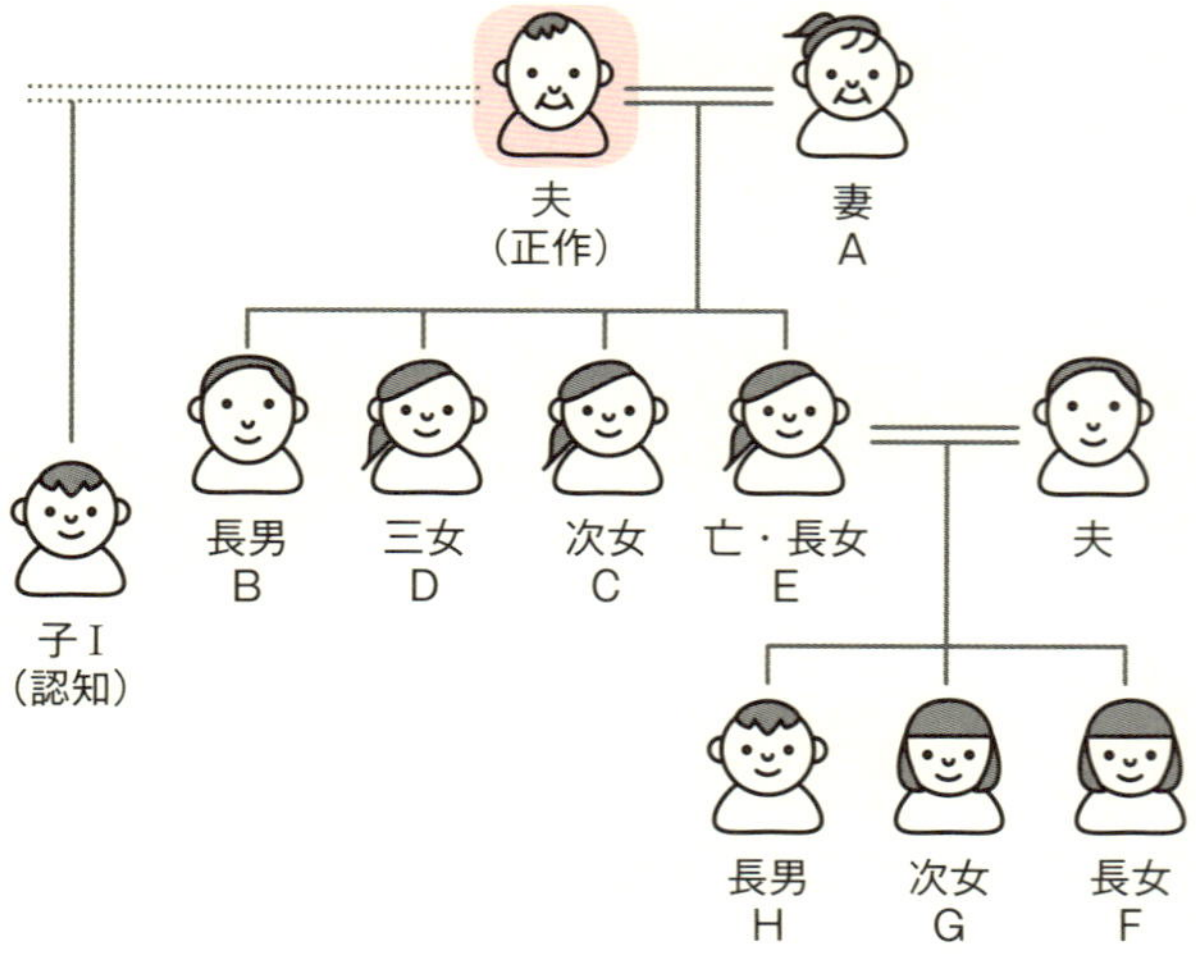

相談の結果、こうなりました！　吉田正作さんの遺言書

遺　言　書

遺言者　吉田正作は下記のとおり遺言する。

第１条　遺言者は、遺言者の妻Ａ（昭和○○年○月○日生）及び遺言者の長男Ｂ（昭和○○年○月○日生）に、別紙不動産目録記載の不動産、有価証券、預貯金及び現金等遺言者所有の全財産（ただし、第2条ないし第４条の合計金*********円を除く）を、各2分の1の割合で相続させる。

第２条　遺言者は、遺言者の次女Ｃ（昭和○○年○月○日生）に、遺言者所有の財産の中から金*********円を相続させる。

第３条　遺言者は、遺言者の三女Ｄ（昭和○○年○月○日生）に、遺言者所有の財産の中から金*********円を相続させる。

第４条　遺言者は、遺言者の長女、亡Ｅの長女Ｆ（昭和○○年○月○日生）、次女Ｇ（昭和○○年○月○日生）および長男Ｈ（昭和○○年○月○日生）に、それぞれ遺言者所有の財産の中から金*********円ずつ代襲相続させる。

第５条　第１条ないし第４条により相続若しくは代襲相続する者は、その相続に係る財産をもってそれぞれに課せられる相続税を負担するものとする。

第６条　遺言者の負債は、遺言者の妻Ａと遺言者の長男Ｂが各2分の1の割合で相続するものとする。

第７条　遺言者は、遺言者が昭和○○年○月○日付で認知した子、Ｉ（昭和○○年○月○日生）に対しては、同人を認知するに当たり、その母親である○○に対し、生活を共にしていた住宅を贈与したのをはじめとして、日頃より、十分に財産分与をしてきた経緯があるので、改めて相続させるものはないことを明記する。

第８条　遺言者は、本遺言の執行者として、妻Ａを指定する。

付言事項

遺言者は、吉田家の跡継ぎである長男Ｂが吉田家の財産を相続し、これを守ってもらいたいという気持ちから、この遺言書の内容を残すものである。

吉田家を維持する事を考えると長男Ｂが負担する相続税は莫大なものであり、その苦労は想像に難くない。よって次女Ｃ、三女Ｄ及び長女Ｅの子らは、そうした事情を理解し、各自に課せられる相続税については各自が負担することとし、また、同人らがこの遺言書で相続する分以上の財産を要求しないことを希望する。

さらに、妻Ａ亡き後は、妻の分も長男Ｂが相続し、吉田家を維持してもらいたいと強く希望するものである。

平成○○年○月○日　　　　　　　　○○県○○市○○

遺言者　吉田正作　印

営しています。地元を中心に何店舗も営業している中堅会社です。両社の実務は弟や甥が運営し、正作さんは会長として親族をまとめてきました。多忙を極め、子どもが幼いころは家にはあまり帰らず、ほとんどを愛人宅で生活し、長女と同年代の子どもが生まれて認知しました。

妻とのあいだには、一男三女の子どもがいます。3人の娘はそれぞれ嫁いで子どもにも恵まれましたが、不幸なことに長女は事故で亡くなりました。

正作さんは60代半ばのとき、病が発覚し、入院、手術を余儀なくされました。それがきっかけとなって、ようやく本宅に戻って家族と生活をするようになったのです。

◇遺言書を作る理由

跡取りの長男に財産や会社を相続させたい

大病をしたことから、妻や娘の懇願もあって、いよいよ遺言書を作っておくことを決意しました。正作さんは、吉田家の跡取りとして、長男に財産や会社を継いでもらうことを望んでいます。そのためには財産争いにならないような遺言が必要になります。

正作さんの個人財産は不動産が多く、会社の株もあります。そこで配偶者の特例を活かしながら、長男に財産の多くを相続させるために、不動産と株などの財産を妻と長男が等分に相続し、嫁いだ娘たちと亡長女の子どもにはそれぞれ現金を分与すること、認知した子には母親に住む家や相当の金銭を贈与してきたので分与はないという内容にしました。

不平が出ないように、娘たちと認知した子には事前に理解を得ておき、さらに付言事項にも協力してもらうように心情を加えました。これで吉田家の会社と不動産は長男に継承してもらえると安心しました。節税のため妻が半分の財産を相続しますので、妻も長男に多く相続させるよう同じ内容の遺言を書く予定です。

◇ここがポイント

・正作さんの死後、妻や息子と娘たちが認知した子と分割協議をしなければならず、円満にいかないと想像される。認知した子と実子は、戸籍上では兄弟姉妹でも感情面で受け入れられる人は少ない。過去の話やよけいな感情を引き出さないためには「会わない」選択も必要になる。正作さんの遺言があれば、会わずに手続きを済ますことができる。

・長女がすでに亡くなっているため、長女の3人の子どもが長女の代襲相続人となる。相続時に子どもたちが未成年だった場合は、親権者である父親（長女の配偶者）が代理人となる。ただし、父親は1人の子の代理人にしかなれないため、未成年者が複数いる場合は、代理できない子どもについて家庭裁判所に特別代理人の選任申立てが必要となる。

・認知した子の母親に不動産や金銭を贈与したことを理由に、認知した子への分与はなしとした。母親が亡くなったときには、その財産は認知した子が相続する。

音信不通の長男がいる

◇家族と相続の状況

自宅は4人の共有名義

泉公一郎さん（70代）は、結婚して3人の息子に恵まれました。ところが、もともと病弱な妻が幼子を残して亡くなってしまったのです。再婚した後妻は、まだ小さかった子どもたちを立派に育て上げてくれましたが、後妻とのあいだに子どもはできませんでした。

公一郎さんが定年を迎えたとき、いちばん近くに住む次男夫婦に同居の話を持ちかけると快く了解をしてくれましたので、土地を購入し、家を建てて同居することにしました。三男も同意してくれましたが、長男はそのときすでに音信不通で、所在がわからなくなっ

相続人関係図

●遺言作成者：泉公一郎さん（70代）
●推定相続人：長男（行方不明）、次男、三男

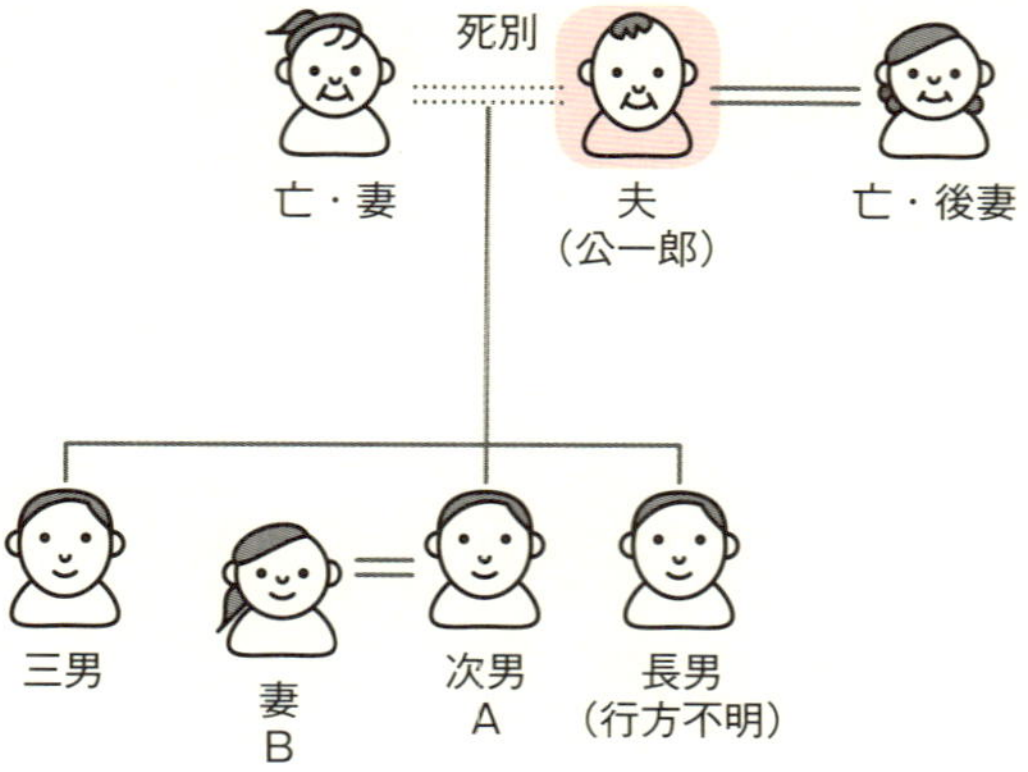

相談の結果、こうなりました！　泉 公一郎さんの遺言書

遺言公正証書

本公証人は、遺言者泉 公一郎の嘱託により、証人○○、同○○の立会いのもとに、遺言者の口述の要旨を筆記してこの証書を作成する。

第１条　遺言者は、下記①の土地及び②の建物のそれぞれに対して遺言者の有する持分全部を、遺言者の次男Ａ（昭和○○年○月○日生）に相続させる。

記

①所在　○○市○○
　地番　○○
　地目　宅地
　地積　○○㎡
（上①の土地に対して遺言者の現在有する持分は３分の２）
②所在　○○市○○
　家屋番号　○○
　種類　居宅
　構造　木造瓦葺2階建て
　床面積　1階○○㎡　2階○○㎡
（上②の土地に対して遺言者の現在有する持分は50分の3）

第２条　遺言者の死亡以前に次男Ａが死亡した場合には、遺言者は、前条の記載の各不動産に対して有する持分全部を、Ａの妻である下記受遺者に遺贈する。

○○市○○○　受遺者　Ｂ（昭和○○年○月○日生）

第３条　遺言者は、前条の遺言の遺言執行者として、相続人Ａ及び受遺者Ｂを指定する。

平成○○年○月○日　○○県○○市○○

遺言者　泉 公一郎 印

ていました。

同居する次男夫婦にも権利があったほうがいいと考えて、土地の名義は公一郎さん、後妻、次男の3人で各3分の1ずつとしました。建物は、次男の妻が職場から借入をして50分の37、次男が50分の10、公一郎さんが残りの50分の3としました。

こうして、住人それぞれの持ち分がある4人共有の自宅が実現したのでした。

◇遺言書を作る理由

長男が行方不明のままでも相続手続きができるようにしたい

同居も落ち着いてきた矢先、後妻が亡くなりました。後妻の持ち分は相続税がかかる財産額ではないので、名義だけ変えればいいと手続きを進めようとしましたが、後妻の兄弟姉妹も相続人だとわかり驚きました。配偶者の兄弟姉妹の法定相続分は4分の1です。後妻の兄弟姉妹に土地は自分が相続したいと頭を下げ、全員に実印をもらって後妻から公一郎さんの名義に変えることができましたが、神経を使い苦労しました。

あとになって、後妻が遺言で「公一郎さんに相続させる」と書いておけば、後妻の兄弟姉妹と協議することなく手続きができたことを知ったのです。この経験をしたことで、公一郎さんが亡くなったとき、相続手続きがたいへんになることに気がつきました。なぜなら、長男が20年以上も行方不明だからです。長男には後妻が亡くなったことも知らせることができませんでした。いつか帰ってくるのではと思い、失踪宣告はしていません。

しかし、このままでは、自分の相続で次男夫婦が難儀するだろうと思い至りました。相続になったときに長男を捜したり、家庭裁判所に手続きをしたりしなくてもいいように、公正証書遺言を作成することにしました。不動産は同居する次男に相続させるとしました。別に住んでいる三男も同意しているので、これで手続きが簡単にできると次男夫婦も安心できたようです。

◇ここがポイント

・相続人のなかに行方不明者がいると、分割協議ができない。家庭裁判所に財産管理人を選任してもらう必要が出てくる。民法の失踪宣告（第2章35ページ参照）により、失踪者は死亡したものとしてそれ以後の手続きを進めることが可能となるが、公一郎さんは長男がいつか帰ってくるという思いがあって失踪宣告する決断ができない。
・分割協議をしなくてもいいように、長男以外の相続人に財産分与する内容の遺言書を作成することで、長男不在のまま円滑に相続手続きができる。
・将来長男が帰ってきた場合、遺言により遺留分が侵害されたとして、遺留分減殺請求することができる。

遺贈

遠藤 茂さん

お世話になった他人に財産を渡したい

◇家族と相続の状況

内縁の妻に先立たれて子もないひとり暮らし

遠藤茂さん（70代）は団塊よりも少し上の世代で、集団就職が盛んだった昭和40年代に地方から都会に出てきました。就職した会社で定年まで働いてきたので、現在は年金で生活しています。一緒に暮らしていた内縁の妻がいましたが、子どもには恵まれませんでした。結局入籍しないまま、もう何年も前に内縁の妻は亡くなってしまいました。それからはひとり暮らしをしています。

故郷を出てからというもの、実家にはほとんど帰ることはなく、いまでは都会の生活のほうが長くなって

相続人関係図

●遺言作成者：遠藤茂さん（70代）

●推定相続人：亡兄の子2人（姪）

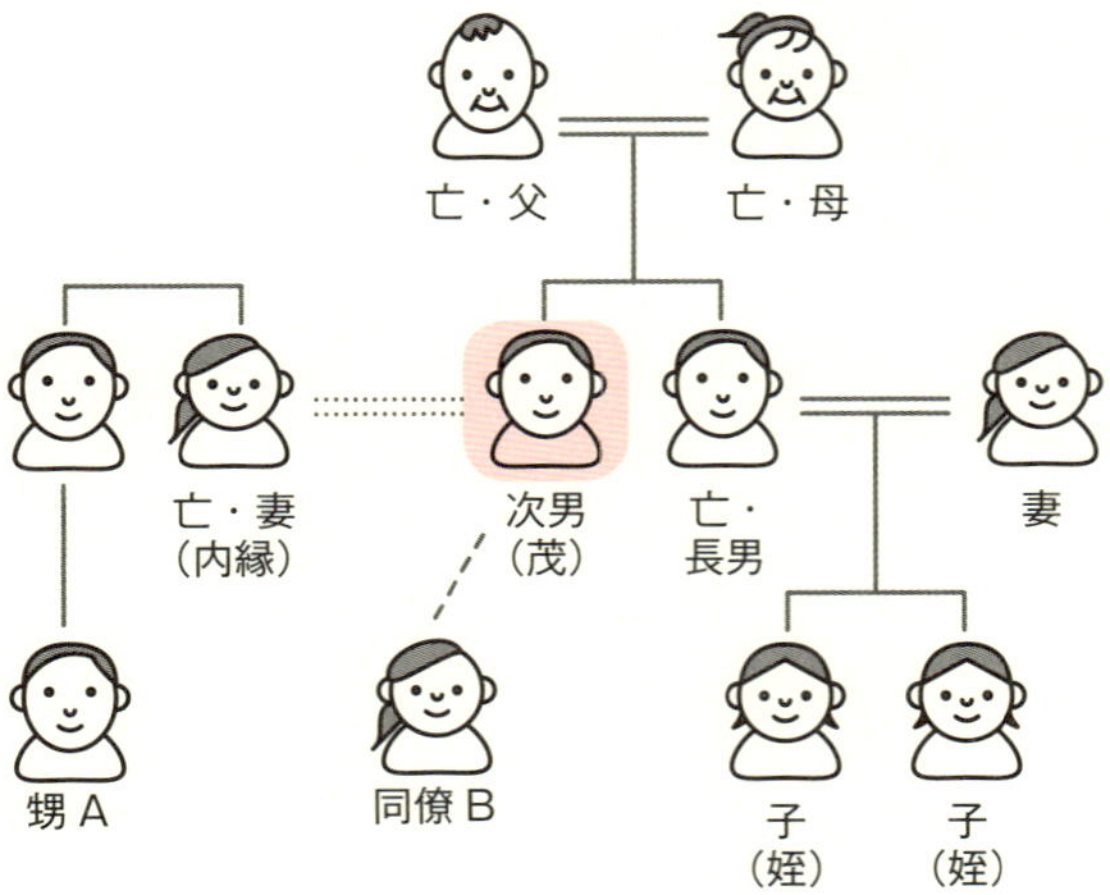

相談の結果、こうなりました！　遠藤 茂さんの遺言書

遺　言　書

遺言者　遠藤茂は下記のとおり遺言する。

第１条 財産の遺贈

1. 遺言者は、相続開始時に遺言者が所有する有価証券、預貯金等一切の財産を遺言執行者をして随時適宜の方法により全て換価させた上換価により得られた金銭（手持現金を含む）を次の者に対し、次のとおり遺贈する。

（1）A（昭和〇〇年〇月〇日生）に対し、金****万円。
（2）B（昭和〇〇年〇月〇日生）に対し、上記〇〇に遺贈する金****万円を除いた残余の金銭。

2. 遺言者より先にBが死亡した場合は、前項の換価により得られた金銭のうち、金***万円をBの夫C（昭和〇〇年〇月〇日生）に、その余の金銭をAに遺贈する。

第２条 遺言執行者の指定

遺言者は、本遺言の執行者として前記Ｂを指定する。遺言者より先にＢが死亡した場合は、前記Ａを遺言執行者に指定する。

第３条 付言事項

Ａ君は、私の内縁の妻の甥であり、内妻が亡くなった折の葬儀の時、その他いろいろと世話になったので、感謝の気持ちから遺贈するものです。
Ｂさんは、私がかつて〇〇株式会社に在職していた時から大変お世話になり、私が胃から出血したり下血した時も救急車の手配や入院中の介護等、たいへんな面倒を見ていただき、その後もお手数をお掛けしているので、感謝の気持ちから遺贈するものです。
お二人には大変お世話になり、ありがとうございました。

平成〇〇年〇月〇日　　〇〇県〇〇市〇〇

遺言者　遠藤 茂　印

しまいました。故郷の両親は早くに亡くなりましたが、とくに財産はなかったので、相続したものはありませんでした。そのかわりといえるのか、同居や介護などを考えることもなく、煩わしいことがなかったのは幸いだと考えています。

茂さんは次男で兄が1人いますが、その兄もすでに亡くなりました。身内といえるのは亡兄の娘2人だけです。しかし、その姪たちとは両親の葬儀や兄の葬儀のときに会った程度で、親しく言葉を交わしたことはありません。日ごろの交流はなく、どこに住んでいるのかもわかりません。

◇遺言書を作る理由

交流のない姪より、親切にしてくれた他人に財産を渡したい

そんな姪たちには、とても自分の老後を頼んだり、財産やお墓のことを託せる心境にはなれないというのが本音です。

茂さんは、定年前の50代後半に、検査で異常が見つかり、入院、手術を経験しました。ひとり暮らしの茂さんには、たいへんなことばかりでした。それを察した職場の同僚のBさんが、着替えの準備や入院手続きなど、親身になって助けてくれました。ほんとうにありがたかったので、お返しに自分の財産はBさんに託したいと思うのです。また、亡くなった内縁の妻の甥Aさんにも、何かとお世話になってきたので、預金の一部を渡したいと考えています。

相続人でない人に財産を遺贈する場合は、手続きする際に遺贈される人の住民票が必要になります。一方的に遺言を書いておくよりも、事前にＢさんとＡさんに意思を伝えて了解してもらったほうがよいとアドバイスを受けたので、２人に話しました。その結果、２人とも快く受けてくれて、住民票も渡してもらいました。

こうして遺言書を作り、遺言執行もＢさんに託すことができたので、茂さんの不安はなくなりました。どこにいるのかもわからない姪たちよりも、身近に接してくれた人たちに財産を渡すことができることが幸せだと感じています。

◇ここがポイント

・財産は相続人以外の人に渡すことはできない。しかし、遺言があれば他人でも財産を受け取れ、税金もかからないこともある。

・遺贈する遺言は、ただ書いておくよりも受贈者に意思を伝えて了解をしてもらうことが大切。生きているあいだに意思を伝えることは、お互いの思いを確認することもできるため価値があるといえる。

不動産の所有を決めておきたい

◇家族と相続の状況

義父の相続では義母の考えに任せた

伊藤明子さん（50代）は、結婚して2人の子どもに恵まれ、夫の両親宅の隣に家を建て生活をしてきました。夫は長男なので、夫の両親の面倒をみるのは当然と考えてきましたが、夫が先に亡くなってしまったのです。その後、義父が亡くなりましたが、夫の代襲相続人である2人の子どもはまだ学生でしたので、遺産分割については義母キヨさんの考えに任せました。

義父の相続人は4人で、義母と2人の子ども、夫の妹です。義父の財産は自宅と賃貸ビル、預貯金があり、相続税の申告が必要な額でした。財産分与に関しては

相続人関係図

●遺言作成者：伊藤キヨさん（70代）不動産賃貸業
●推定相続人：亡長男の子2人、長女

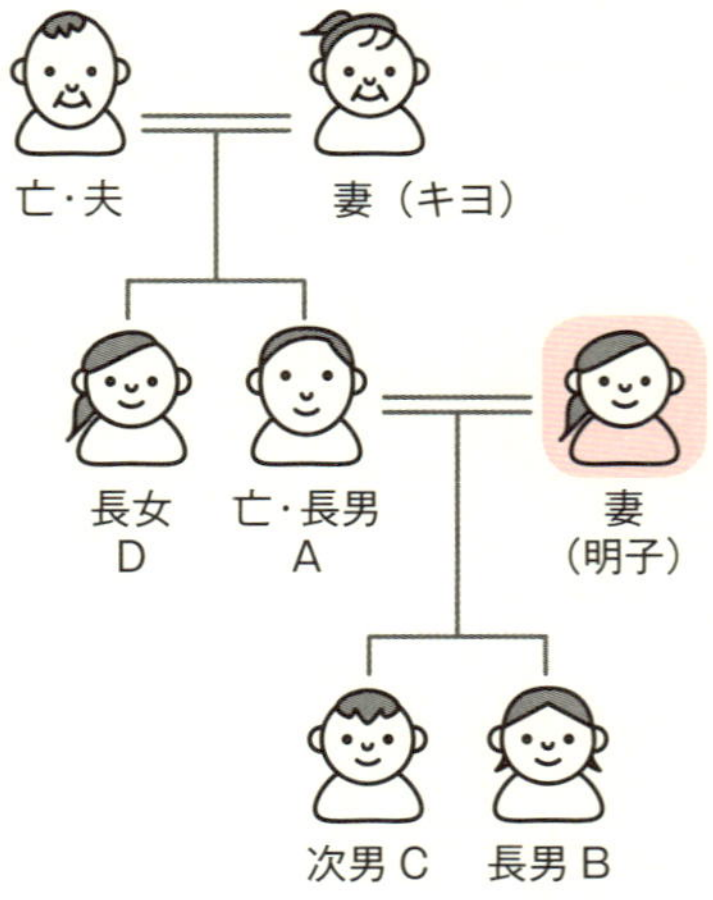

相談の結果、こうなりました！　伊藤キヨさんの遺言書

遺言公正証書

本公証人は、遺言者伊藤キヨの嘱託により、証人◯◯、同◯◯の立会いのもとに、遺言者の口述の要旨を筆記してこの証書を作成する

第１条　遺言者は、相続開始時に所有する下記不動産（遺言者が有するのが持分の場合は、その持分全部）を遺言者の亡長男Ａの長男である孫Ｂ（昭和◯◯年◯月◯日生）と同じく次男であるＣ（昭和◯◯年◯月◯日生）に等分に相続させる。

記

1、土地	所在	◯◯市◯◯区◯◯
	地番	◯◯
	地目	宅地
	地積	◯◯㎡
2、建物	所在	◯◯市◯◯区◯◯
	家屋番号	◯◯
	種類	店舗・共同住宅
	構造	鉄骨造陸屋根4階建
	床面積	1階◯◯㎡　2階◯◯㎡　3階◯◯㎡　4階◯◯㎡

第２条　遺言者は、相続開始時に所有する下記不動産を遺言者の長女Ｄ（昭和◯◯年◯月◯日生）に相続させる。

記

1、土地	所在	◯◯市◯◯区◯◯
	地番	◯◯
	地目	宅地
	地積	◯◯㎡
2、建物	所在	◯◯市◯◯区◯◯
	家屋番号	◯◯
	種類	居宅
	構造	木造瓦葺2階建
	床面積	1階◯◯㎡　2階◯◯㎡

第３条　上記Ｂ及びＣには、それぞれ前１条の各不動産を余分に与えるもので、両名の各不動産の取得は、その余の遺産の分割には影響を与えないものとする。

付言事項

最後に一言申し添えます。生前は、子供たち、孫たち及びその家族の方々をはじめ親族の皆様には、大変お世話になりました。残念なことに夫や長男に先立たれたこともあり、限られた財産ではありますが、私の遺産相続が円滑にいくことを願い、この遺言書を作成しましたので、どうか私の遺思を尊重し、納得して下さい。

またBには、Ａに代わり伊藤家の祭祀の件を宜しくお願いするとともに、ＣもＢを手助けし、どうか伊藤家を守っていって下さい。宜しくお願い致します。

最後に、皆がいつまでも健康で、平和な日々が送れますよう心より願っております。

平成◯◯年◯月◯日

◯◯県◯◯市◯◯

遺言者　伊藤キヨ　印

義父のメモがあって、賃貸ビルは明子さんの子どもたちに相続させたいと書いてありました。ところが義母は、賃貸収入は生活費として必要なので、賃貸ビルは自分が相続すると言いだしました。そのほうが節税になると税理士からも説明され、明子さんは承諾するしかありませんでした。結局、義父の財産は何ももらわないままですが、義妹は義母から賃貸ビルの家賃収入を分けてもらっているようです。

◇遺言書を作る理由

賃貸ビルが義妹のものになるかもしれない

弁護士の案で、義母が義父から相続した賃貸ビルを、義母が亡くなったとき2人の子どもに贈与する死因贈与契約[※20]を締結し、公正証書にして贈与予約の仮登記も設定しました。弁護士から「これで90％は大丈夫」と説明を受けたものの不安が残っていました。

そこで相続コーディネーターに相談すると、この死因贈与契約の公正証書があっても義母が「賃貸ビルは義妹に相続させる」という遺言を作ればそれが実現してしまうことや、死因贈与契約を執行する際に義妹の同意がないと登記手続きができないことがわかりました。確実に2人の子が相続できるようにするには、義母に「賃貸ビルは明子さんの2人の子どもに等分に相続させる」という内容の遺言書を作ってもらうとよいとアドバイスを受けました。また、併せて義妹の同意も得ておくようにとも言われました。

※20 死因贈与契約　贈与する者と贈与される者の合意のもとに交わされる約束で、贈与者が死亡すると効力を生ずる。遺言による遺贈（第1章15ページ参照）と似ているが、遺贈は遺言者による一方的な意思表示でいつでも取り消すことができる。それに対し、書面による死因贈与契約は当事者間の契約なので、自由に撤回できない場合もある。

明子さんは、義母、義妹、2人の子どもと家族会議を開き、賃貸ビルは子どもたち2人が相続することで合意を得ました。義母に公正証書遺言を作ってもらうことができたので、義妹とももめることなく相続を迎えることができると安堵しました。義母のキヨさんも皆が集まって話をすることで、胸のつかえが下りたようです。

ここがポイント

・義母と2人の子どものあいだで交わした死因贈与契約には、執行者の指定※21がなかった。そのため、義母が亡くなってから義妹の協力が得られなければ、賃貸ビルを直ちに2人の子どもの名義にすることはできない。

・家族会議を開いて全員の意思確認ができたことで、相続時の争いが回避され、不安が解消された。そのうえで遺言を作っておくことが理想的。

・義妹に有利な遺言書を義妹が義母に作らせるかもしれないという不安が明子さんにあったため、公正証書遺言を作成することで義妹への牽制になった。

※21 執行者の指定　公正証書で作成した死因贈与契約のなかで執行者を指定しておけば、執行者と受贈者で手続きすることができる。しかし執行者の指定がない場合は、所有権移転の登記手続きの際、贈与者の相続人全員を登記義務者として申請する必要があり、手続きが煩雑となる。

井上慎太郎さん

不動産

不動産は自宅だけ。長男を牽制する弟たち

◇家族と相続の状況

母親は女手ひとつで4人の息子を育ててきた

井上慎太郎さんの母親、菊乃さんは93歳です。父親は4人目の子どもが生まれてすぐに戦死したため、その後は苦労をしながら母親が女手ひとつで4人の息子を育ててきました。長男の慎太郎さんをはじめ、3人の弟たちも苦学して大学を出て、それぞれ一流企業に勤めてきましたので、母親はそのことを自慢にしてきました。

慎太郎さん一家が母親と同居している自宅は、亡父から母親が相続したもので、高級住宅街として定評がある地域にあります。慎太郎さんたち兄弟は全員その

相続人関係図

●遺言作成者：井上菊乃さん（90代）

●推定相続人：長男、次男、三男、四男

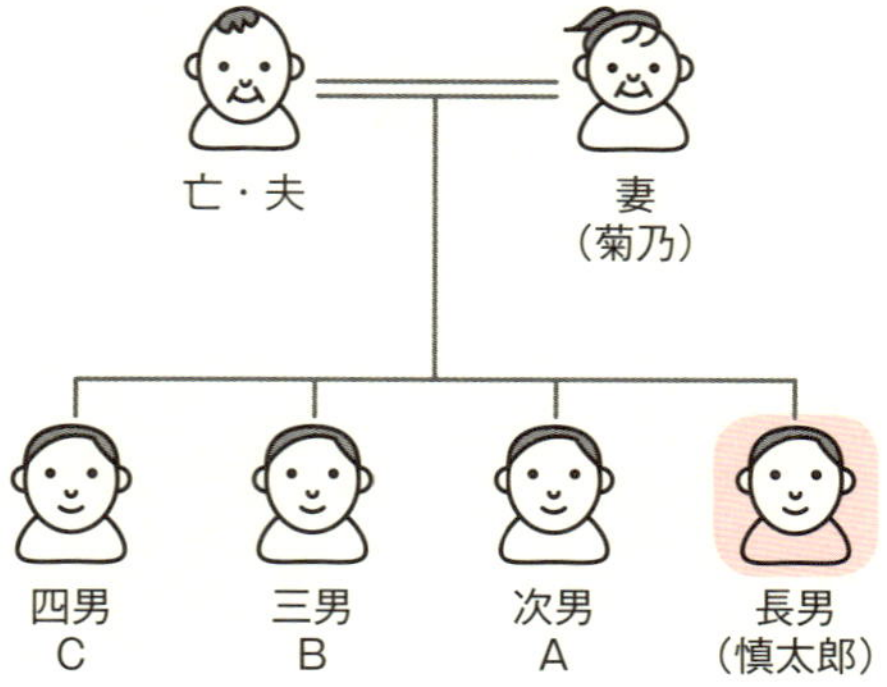

相談の結果、こうなりました！　井上菊乃さんの遺言書

遺言公正証書

本公証人は、遺言者井上菊乃の嘱託により、証人○○、同○○の立会いのもとに、遺言者の口述の要旨を筆記してこの証書を作成する。

第１条　遺言者は、相続開始時に遺言者が所有する下記不動産、有価証券および負債のすべてを、遺言者の長男 慎太郎（昭和○○年○月○日生）に相続させる。

記

1. 不動産
　(1) 土地　所在　○○府○○区○○
　　　　　　地番　○○番○
　　　　　　地目　宅地
　　　　　　地積　○○㎡
　　　　　　持分　1000分の470　　（中略）
　(2) 建物　所在　○○府○○区○○　○○番地○
　　　　　　家屋番号　○○番○
　　　　　　種類　居宅
　　　　　　構造　軽量鉄骨造亜鉛メッキ鋼板葺2階建
　　　　　　床面積　1階○○㎡　2階　○○㎡
　　　　　　持分　100分の25　　（中略）
2. 有価証券のすべて
3. 負債のすべて

第２条　遺言者は、相続開始時に遺言者が所有する預貯金を、次の者に対し次の割合で各々相続させまたは遺贈（寄付）する。

(1) 遺言者の次男Ａ（昭和○○年○月○日生）に対し31パーセント。
(2) 遺言者の三男Ｂ（昭和○○年○月○日生）に対し29パーセント。
(3) 遺言者の四男Ｃ（昭和○○年○月○日生）に対し29パーセント。
(4) 遺言者の長男慎太郎（昭和○○年○月○日生）に対し10パーセント。
(5) カトリック○○教会に対し、1パーセント。

第３条　遺言執行者は、本遺言の執行者として、遺言者の長男 慎太郎を指定する。

付言事項

遺言者は、家督を長男慎太郎に継承させます。慎太郎は本家を守り祖先の祭祀を継承する跡継ぎの立場であることを自覚して欲しく思います。他の者も慎太郎に協力して兄弟仲良くすることを願い、この遺言を残します。
預貯金については、主に次男Ａ、三男Ｂ及び四男Ｃに振り分け相続させますが、総額10パーセントは長男慎太郎に相続させることにしました。慎太郎は、有価証券と不動産の売却により、負債をなるべく速やかに返済するようにしてください。

平成○○年○月○日

○○府○○区○○
遺言者　井上菊乃　印

家で生まれ育ったことから、皆同じように実家への愛着があります。同居しているのは慎太郎さん家族で、３人の弟たちはそれぞれ結婚し、近くに住宅を購入しています。

母親が90歳を過ぎ、弟たちから、母親が亡くなったら家はどうするのかという話がありました。弟たちは３人とも、実家を慎太郎さんの自由にはさせないと言うのです。ずっと同居してきた慎太郎さんにすれば、長男でもあり、母親の面倒をみてきているので、「自分が自宅を相続するのは当然」と考えています。

遺言書を作る理由

同居してきたのだから家を相続したいが、弟から異論

弟たちと財産分与で争うのは避けたいため、母親に遺言を書いてもらおうと考えました。遺言で「不動産は長男に相続させる」としておいてもらえれば、いままでどおり住み続けることができます。弟たちには、母親の預貯金を等分で相続してもらおうという考えです。

母親としては、井上家を継いで土地やお墓を守ってくれる者に相続させたいと思っていました。ですから、「同居する長男に自宅不動産を相続させる」という遺言は自然でした。

こうして母親が公証役場へ出向いて公正証書遺言ができあがりました。しかしまだ課題があります。母親の財産の大部分は自宅不動産ですので、それを慎太郎さんが1人で相続すると、弟たちが預貯金を等分に分けても遺留分を侵害してしまいます。現在の預貯金も母親の介護費

用等でさらに減ってしまうかもしれません。

それでも遺言で不動産の所有を決めておいてもらえば、遺産分割協議ができずに売却し換金して分けるような最悪の事態は避けられます。あとは弟たちが遺留分減殺請求をしてくることも想定して、母親だけでなく自分の現金も残しておこうと考えています。

◇ここがポイント

・慎太郎さんが同居している自宅不動産は、母親の遺言で相続人を慎太郎さんに指定することで、弟たちと分割協議をせずに手続きができる。遺言があれば遺留分は法定割合の半分になるため、代償金として用意する現金も少なくできる。

同族会社

河合秀夫さん

会社の跡継ぎとなる孫に相続させたい

家族と相続の状況

会社を興してビル2棟を所有するまでに成功した

河合秀夫さん（90代）は、戦後いろいろな仕事を経験したのち、運輸会社を創業して50年を超えました。業績がよかったときに土地を2か所購入し、事業ビルを建てています。1つは会社が使用し、もう1つは賃貸ビルとし、立地のよさもあって安定した収入源となっています。現在は、社長職を長男に譲り、秀夫さんは会長ですが会社に出るのが健康の秘訣です。

創業当時から会社を支えてくれた妻は病を患い、すでに他界しました。その後も長男家族と同居しているので、なんら不自由はなく、幸せな日々を送っていま

相続人関係図

●遺言作成者：河合秀夫さん（90代）会社役員

●推定相続人：長男、長女、養子（長男の子）

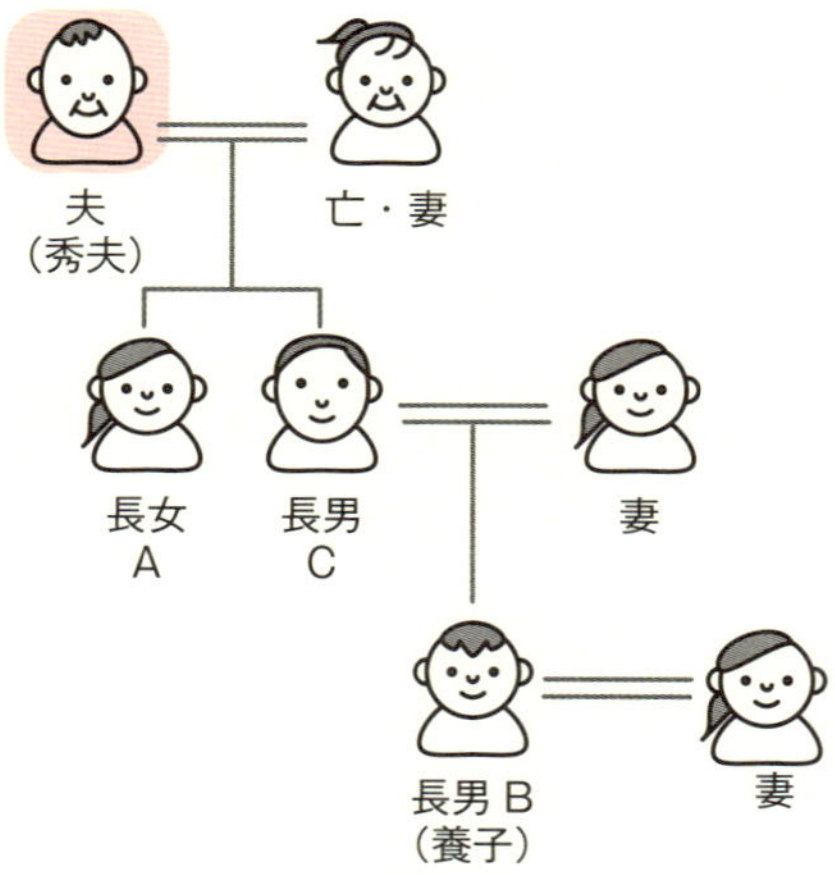

相談の結果、こうなりました！　河合秀夫さんの遺言書

遺　言　書

遺言者　河合秀夫は下記のとおり遺言する。

第１条　遺言者は、遺言者所有の下記の不動産（土地及び建物）、預貯金及び現金等一切の財産（ただし、第2条で長女Ａに相続させるとした現金を除く）を、遺言者の養子Ｂ（昭和○○年○月○日生）に相続させる。

記

所在　○○市○○区○○
地番　○○
地目　宅地
地積　○○㎡
持分　1,000,000分の6,138　（詳細略）

第２条　遺言者は、遺言者の長女Ａ（昭和○○年○月○日生）に現金＊＊＊＊万円を相続させる

第３条　遺言者は、本遺言の執行者として前記養子Ｂを指定する。

付言事項

遺言者は、長男Ｃ夫妻と養子Ｂ夫妻が遺言者の食事や身の回りの世話をしてくれ、お陰で自宅において安心した生活を送ることができたことに感謝し、株式を除く遺言者の一切の財産を養子Ｂに相続させることにしたものである。
Ｂは、○○院にある河合家の墓を守り、永代供養を行い、そして遺言者が創業した○○株式会社の後継者として同社の発展に努力することを切に希望する。

平成○○年○月○日　　○○県○○市○○

遺言者　河合秀夫　印

した。

ところが数年前、社長である長男に病が見つかり、手術を余儀なくされました。その後も入退院を繰り返し、無理ができなくなったのです。そのため、孫である長男の子が、勤めていた会社を退職して、秀夫さんの会社に入り、長男のサポートをしてくれています。まだ30代ながら一生懸命に働く姿を見て、秀夫さんはその孫に財産や会社を任せようと決意しました。長男や孫に意向を話すと同意してくれたので、孫と養子縁組もすませました。

そして孫（養子）を役員とし、徐々に長男から孫へ引き継ぎをさせることにしたのです。

◇遺言書を作る理由

ビルの所有が会社運営のカギ

そうなると相続が気になります。嫁に行った長女から、賃貸ビルの相続を要求されるかもしれません。しかし秀夫さんの会社は、ビルの家賃収入に頼っている割合が大きいため、賃貸ビルを所有できないと経営が厳しくなります。長女本人が相続を希望しなかったとしても、長女の配偶者や子どもから相続するよう働きかけられる可能性もあります。秀夫さんは、なるべく早いうちに遺言書を作る決意をしました。

会社の存続を第一とした内容の遺言にするには、「不動産と同族会社株は養子の孫に相続させる」という内容にするとよいとのアドバイスをもらい、遺言書ができあがりました。長男は当然同意しており、長女には現金を用意することで、孫（養子）に会社も不動産も残すことができるようにしました。長女には内容を話せば理解してくれるはずですが、遺言書にしたことでより安心できました。遺言を作るときには孫ともよく話をしたので、秀夫さんの意思を理解して会社を守っていく覚悟が感じられて、たのもしく思えました。苦労しながらつくりあげた財産や会社を託せることは幸せなことだと秀夫さんは感じています。

◆ここがポイント

・秀夫さんの会社のように、賃貸収入に頼る法人が財産の場合、安定収入が見込めるだけに遺産分割ではバランスを欠くことが多い。遺産分割でもめるのは会社経営には致命的。早めに合意と対処が必要。

・養子縁組をすれば本来の相続人でなくても、戸籍上の子となり相続人になれる。

中村 豊さん　家業

家業を継ぐ長男と孫に代々の土地を残したい

◆家族と相続の状況

先祖代々の農家を継いでいる

中村豊さんの父親、清さん（80代）は農家の長男として、祖父母と同居しながら農業を営んできました。豊さんは3人きょうだいで、姉2人は他家に嫁ぎました。一番下が長男の豊さんです。両親も姉たちも豊さんが跡取りになるという認識でしたので、当然のように豊さん家族が両親と同居して農業を継ぎました。

　豊さんの年代は大学を出て会社員になる人が多い時代でしたが、豊さんは高校を卒業してから就職せずに、そのまま家の農業を手伝いました。姉2人が若く嫁いだこともあり、両親だけでは人手が足りないことがわ

相続人関係図

●遺言作成者：中村清さん（80代）農業
●推定相続人：長女、次女、長男

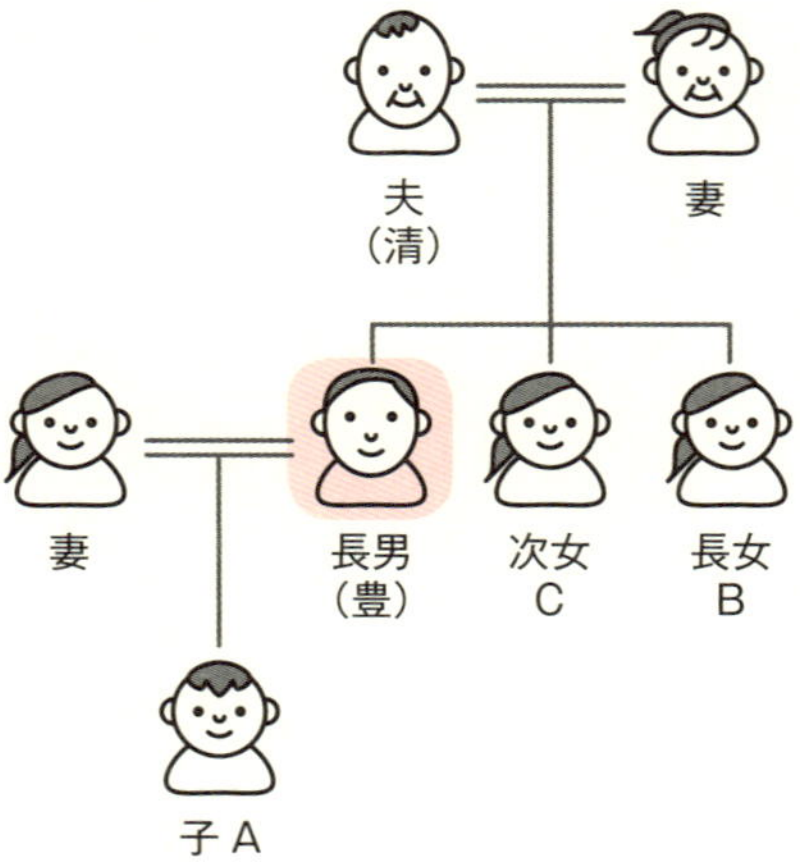

相談の結果、こうなりました！

中村 清さんの遺言書

遺　言　書

遺言者　中村清は下記のとおり遺言する。

第１条　遺言者は、「不動産目録（豊分）」記載の不動産を、
遺言者の長男豊（昭和○○年○月○日生）に
相続させる。

第２条　遺言者は、「不動産目録（A分）」記載の不動産を、
遺言者の孫（長男豊の長男）A（昭和○○年○月○日生）
に遺贈する。

第３条　遺言者は、遺言者の長女B（昭和○○年○月○日生）
と次女C（昭和○○年○月○日生）のそれぞれに
現金○○○万円を相続させる。

第４条　遺言者は、前2条の不動産および第３条の現金を除く
その余の遺言者所有の現金及び預貯金等、
遺言者所有の全財産（負債を含む）を、
長男豊に相続させる。

第５条　遺言者は、本遺言の執行者として、
長男豊を指定する。

平成○○年○月○日　　○○県○○市○○
遺言者　中村清　印

かっていたからです。父親はよくそのことをありがたかったと言ってくれます。

中村家では、季節ごとに何種類もの野菜を作り、収穫しては農協や市場に出荷することが仕事です。畑の面積が広いだけに、農作業は重労働です。機械化は進んできましたが、どうしても豊さん夫婦に負担がかかるようになりました。そうした姿を見て、他県で働いていた豊さんの子ども夫婦が農業を手伝うため、家に戻ってきてくれました。父親にとっては、ひ孫もいっしょに４世代が同じ敷地に住んでいることが生きる喜びになっているようです。

遺言書を作る理由

農家を継続するため、嫁いだ姉たちに土地を分けられない

豊さんの姉２人もそれぞれ農家に嫁いでいるので、農家のたいへんさは重々承知していると思いますが、それでも父親の相続のときに、３人の姉弟が争うのだけは避けたいという気持ちです。父親に話すと、農家を継続していってもらうために土地を手放さないで済むようにしたいと言ってくれたので、すぐに遺言書を作ることになりました。

父親は、後継者がいなければ農地を手放しても致し方ないと思っていたようですが、いまでは長男の豊さんや孫が一生懸命に仕事をしてくれているので、これからも農業を続けてもらうのが望みです。

不動産は長男の豊さんと孫にほぼ半分ずつ残したいと考えました。長男の豊さんには相続、

孫には遺贈とする遺言書を作成しました。豊さんの両親は同年代なので、もし母親が父親の財産を相続してほどなく亡くなってしまうと、また母親の相続手続きをしないといけないため、この内容にしたのです。姉2人には、一定額の現金を等分に相続させるという内容だと父親から話すことで理解してもらえました。

◇ここがポイント

・法律どおりに遺産分割すると、父親の財産の大部分は土地で預貯金はあまりないため、土地を分けるか売ることになってしまい、豊さんも子どもも農業を続けていくことができない。

・父親が家業を継いだときは家督相続により弟妹の異論もなかった。そのため、遺言を残さなければ家の土地を子どもたちが分割相続することになるという認識が薄い。しかし法律が変わったことを説明して頼んだところ、快く遺言を書いてくれることになった。

・配偶者は相続税の特例（第2章50ページ参照）があるため、財産の半分まで相続する場合が多いが、二次相続も考えると次世代へ相続させることも選択肢となる。

小林泰一さん
分与

同居しない長男の分与を明確にしたい

◇家族と相続の状況

長男は家に戻らず、長女が近くに住むのが救い

小林泰一さん（80代）は、地方公務員として定年まで勤めあげました。昭和の貧しい時代を経験しているだけに、質素倹約して資金を貯めました。そして広めの土地を購入して家を建て、長女と長男の2人の子どもにも恵まれました。長女は嫁ぎましたが、家を購入する機会に実家の近くに住みたいとのことで、泰一さんもお金を援助して、歩いて数分のところに引っ越してきました。

長男は、大学卒業後から家を離れて生活をしています。結婚したときにも戻ってくるどころか、「今後、

相続人関係図

●遺言作成者：小林泰一さん（80代）…無職
●推定相続人：長女、長男

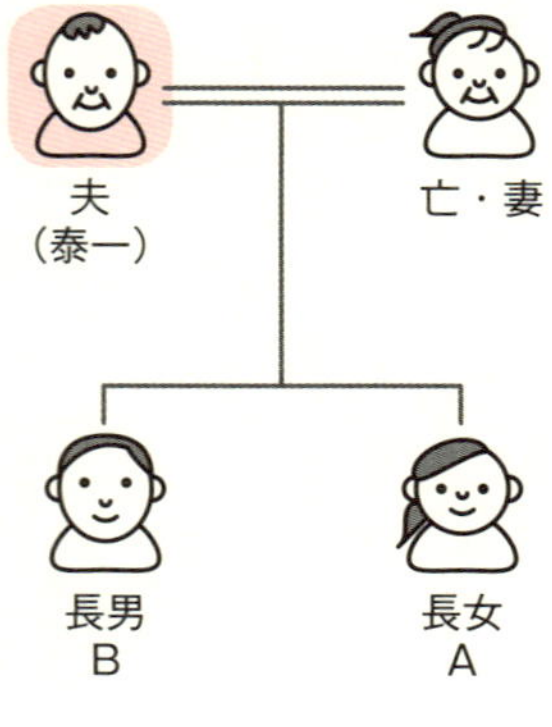

相談の結果、こうなりました！　小林泰一さんの遺言書

遺言公正証書

本公証人は、遺言者小林泰一の嘱託により、証人○○、同○○の立会いのもとに、遺言者の口述の要旨を筆記してこの証書を作成する。

第１条　遺言者は、遺言者の有する不動産のすべてを、遺言者の長女Ａ（昭和○○年○月○日生）に相続させる。

第２条　遺言者は、遺言者の有する現金および預貯金のうち****万円を、遺言者の長男Ｂ（昭和○○年○月○日生）に相続させる。

第３条　遺言者は、遺言者の有する株式会社○○の株式△△株を長男Ｂに相続させる。

第４条　遺言者は、第１条から第３条までに記載の財産を除くその余の遺言者の有する一切の財産を、長女Ａに相続させる。

第５条　遺言者は、この遺言の遺言執行者として、長女Ａを指定する。

平成○○年○月○日　　　　○○県○○市○○

遺言者　小林泰一　印

同居をするつもりはない」と泰一さんに伝えてきたのです。長男だから戻ってきてくれるのではと淡い期待があっただけに、がっかりしたのが本心です。そうするうちに妻が亡くなり、泰一さんはひとりで暮らすようになりました。それでも長女がすぐ近くに住んでいることが幸いし、心強く思ってきました。

妻が亡くなって間もないころ、長男は自宅を購入するために、資金を援助してもらいたいと申し出てきました。子どもが産まれることになったから、広いところに移りたいということでした。相変わらず同居をするつもりはなく、実家に戻ることはまったく考えていない様子です。そこで、泰一さんは、長男には相続財産の前渡しとして自宅の購入資金を贈与し、自宅と長女が住む家は、長女に相続させる気持ちが固まったのでした。

◇遺言書を作る理由

家を継がない長男に不動産は相続させない

泰一さんが心配なのは、相続のときに、長男が多くの財産を要求して長女ともめたりしないかということでした。長男の妻は思ったことははっきり主張するタイプで、以前「相続のときには相応の財産はもらいたい」と言われたことが忘れられません。

そこで相続コーディネーターに相談して、公正証書遺言を作成することにしました。長男の相続分は預金の一部と株券だけとし、残りの全財産は長女へ相続させるという内容です。遺言執行者も長女としました。

こうすることで、２か所の不動産は長女が相続できるので安心です。自宅や長女の家を、財産争いで売る心配もありません。長男に相続させる預金は、退職金や株の運用で増やしてきたものです。この先使う予定もないため、相続までに減ってしまうこともないでしょう。泰一さんは、これで２人の子どもが争わないで済むとほっとしました。

◇ここがポイント

・長男には家の購入資金として、すでに現金を渡しているのに相続でも多く要求してくるかもしれない。長男も嫁もはっきり物を言うタイプで、長女とケンカになりそうで心配。長男が、長女の家も欲しいと言いだすと売ることになってしまう。——こうした心配ごとを１つ１つ考慮して、遺言の内容を決めることが大切。

・贈与を相続財産の前渡しとする場合は、本人にも伝えて遺言書に明記しておくとよい。相続前から財産をもらいたいと主張している者がいる場合は、いざ相続になるとさらに要求してくることがある。遺言書は絶対必要。

・遺言があると遺留分は法定割合の半分。遺言がない場合は法定割合が基準となる。泰一さんは長男の遺留分を計算し、相続させる預金額を決めたので、相続になってもめることは考えにくい。

老後を託すためには遺言が必要

夫を亡くしてひとり暮らし、相続税の節税対策をしたい

◇家族と相続の状況

斉藤富美さん（70代）は3人の娘を嫁がせてから、夫と2人で暮らしていました。一昨年、長年連れ添った夫を亡くし、現在はひとり暮らしをしています。自宅は地方都市近郊にあり、ローカル線の駅まで徒歩3分程度と近く、土地は300坪ほどの広さがあります。その土地は夫が亡くなったときに富美さんの名義としました。土地の半分が自宅、もう半分は貸し駐車場にしています。

状況を知る不動産会社から、相続税の節税対策に、

相続人関係図

●遺言作成者：斉藤富美さん（70代）賃貸業
●推定相続人：長女、次女、三女

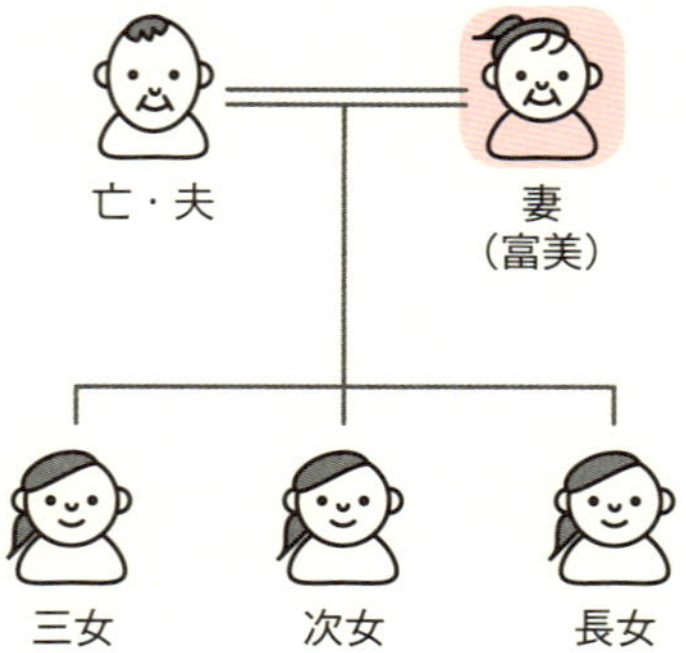

相談の結果、こうなりました！　斉藤富美さんの遺言書

遺　言　書

遺言者　斉藤富美は下記のとおり遺言する。

第１条

遺言者は、遺言者の所有する一切の不動産を遺言者の
次女○○（昭和○○年○月○日生）に相続させます。

第２条

遺言者は、遺言者の所有する預貯金の金融資産を、
次の3名に、次の割合で相続させます。

①遺言者の次女○○に対し、70パーセント
②遺言者の長女××（昭和○○年○月○日生）
　に対し、15パーセント
③遺言者の三女△△（昭和○○年○月○日生）
　に対し、15パーセント

付言事項
夫を亡くしたあと、心細く思っておりましたところ、次女○○が
老後の面倒をみてくれると約束をしてくれました。よって自宅不動産は
次女に相続させることに決めました。長女××、三女△△も同意して
くれていますので、私亡きあとは３人で助け合って下さい。

平成○○年○月○日　　　　　○○県○○市○○
遺言者　斉藤富美　印

駐車場の土地を有効利用してアパートを建ててはどうかと、図面や事業計画を見せられ熱心に勧められました。判断に困った富美さんは次女と一緒に相続コーディネーターに相談しました。

不動産などの財産評価をしてもらったところ、相続税がかかる額ではなく、節税対策をする必要はないことがわかりました。土地に相続税がかかるのなら、アパートを建てておかないとたいへんになると心配でした。アパートを建てると家賃収入が入るメリットもありますが、無理をしないようにとアドバイスされ、ほっとしたのでした。

◇遺言書を作る理由

老後を託せる次女に財産を多く渡したい

相談したコーディネーターから、自宅をはじめとする財産を、3人の娘にどのように相続させるかを決めて遺言にしておいたほうがよいとアドバイスを受けました。相続になったらもめる要素があるというのです。なぜなら、娘は3人とも嫁ぎ、同居をしていません。誰が不動産を相続するか、お墓を守るかなど決めておかないと争いになることが多いのだそうです。

そこで富美さんは、あらためて将来のことを決めるため、3人の娘と話をしてみました。長女と三女は、家庭事情もあり富美さんを引き取ることはできないと言います。けれども次女が、富美さんの老後の面倒をみること、家やお墓を守ることを了解してくれたのです。話し合いをすることで、遺言書を作る決断ができました。

遺言書の内容は、面倒をみてくれる次女に相続させる不動産と預金を多めにし、長女と三女は等分の額としました。そう決めた事情も付言事項に付け加えました。次女は嫁いで姓が変わっています。次女の子どもを養子にして斉藤家を継いでもらいたい気持ちもありますが、それでは孫の人生にも影響するので、こだわらないほうが現実的だとコーディネーターからアドバイスをもらい納得しました。こうして遺言書ができあがったことで、娘たちが仲よくできると思い、ほっとしたのでした。

◇ここがポイント

・相続税には基礎控除がある（第2章48ページ参照）。財産評価をして、評価額がわかれば税金がかかるかどうか知ることができる。富美さんのように相続税がかからない場合は相続税の節税対策は不要。

・3人の娘全員が嫁いでいるため実家を継ぐ者が決まらない。だれがお墓を守ってくれるのかもわからない。富美さんのように話し合って、家族の意思を確認しておくと安心できる。

・節税対策として孫を養子にすると、基礎控除が増え分割もできる。しかし、ほかの相続人と感情論に発展することや姓が変わるなど孫の人生に影響するため、慎重な判断が必要になる。

子どもの思惑

加藤孝雄さん

跡継ぎの長男と嫁いだ長女の思惑が違う

◇家族と相続の状況

広い土地を持つ地主で賃貸業

加藤孝雄さん（70代）は、約３０００坪の土地を持つ農家の長男として生まれました。昔は周辺もそうした農家ばかりでしたが、区画整理が始まって減歩となり、面積はかなり減りました。けれども駅前の土地を所有しているおかげで、30年以上も前から医院に貸したり、貸家を建てたりして、賃貸業をしてきました。長男が、10年前から孝雄さんの土地を借りて店舗を経営するようになりましたが、ここも駅に近く順調に運営できています。

孝雄さんは、ずっと自分で賃貸業の契約をしたり、

相続人関係図

●遺言作成者：加藤孝雄さん（70代）
●推定相続人：妻、長男、長女

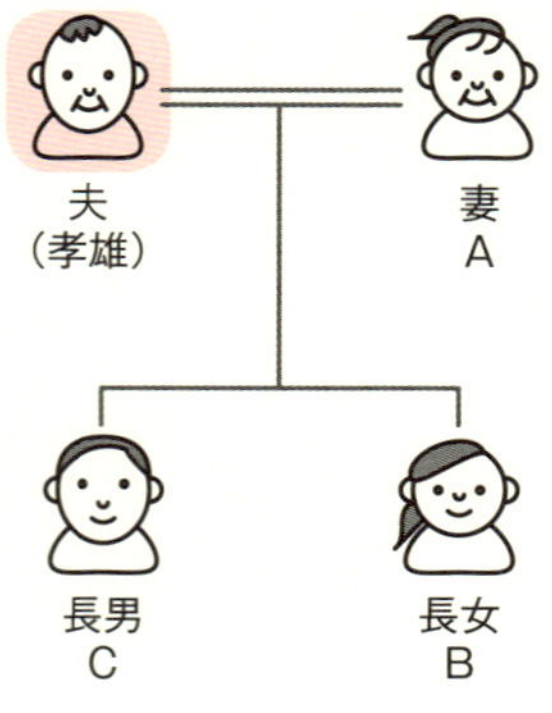

相談の結果、こうなりました！

加藤孝雄さんの遺言書

遺　言　書

遺言者　加藤孝雄は下記のとおり遺言する。

第１条　遺言者は、遺言者所有の下記不動産（土地）を、
遺言者の妻Ａ（昭和○○年○月○日生）と
長女Ｂ（昭和○○年○月○日生）の両名に、
各2分の1の割合で相続させる。

（不動産詳細は略）

第２条　遺言者は、遺言者所有の下記不動産（土地）を、
遺言者の妻Ａと遺言者の長男Ｃ（昭和○○年
○月○日生）の両名に、各2分の1の割合で相続させる。

（不動産詳細は略）

第３条　遺言者は、遺言者所有の下記不動産（土地及び
建物）、現金及び預貯金等全ての財産（ただし、前1条ないし2条記載の不動産を除く）を、遺言者の妻Ａに相続させる。妻Ａは、その代償として、遺言者のすべての債務を
承継・負担するものとする。

（不動産詳細は略）

第４条　遺言者は、祖先の祭祀を主宰する者として、
長男Ｃを指定する。

第５条　遺言者は、本遺言の執行者として、長男Ｃを指定する。

平成○○年○月○日　　　　○○県○○市○○
遺言者　加藤孝雄　㊞

さまざまな判断をしたりしてきましたが、60歳を過ぎたころより、財産のことは少しずつ長男に任せるようになりました。長男は、相続で困らないように相続対策の勉強もしているようで、あちこちにセミナーや個別相談に出かけています。次はいっしょに行かないかと誘ってくれました。

◇遺言書を作る理由

長男の店舗や賃貸している不動産があり、相続内容を決めておきたい

孝雄さんは、そろそろ相続のことも考えたいという気持ちもあり、長男にも勧められて、相続相談に行ってみました。相続コーディネーターに財産内容を確認してもらうと、相続税の申告が必要になるということでした。ただし、いくつかの特例を利用することで節税の方法はあるので、遺産分割でもめないために遺言書の作成が必要だと言われました。

孝雄さん自身は長男であり、親の不動産をすべて相続してほかの弟妹には分けませんでした。農家ではそうしたことが一般的でしたので、同じように不動産は全部を長男に相続させればよいと考えていました。妻が不動産を相続してもいずれまた相続となってしまうので、最初から子どもたちの名義にしたほうが節税になるだろうという考えもあったからです。

ところが、それでは配偶者の特例が使えず、節税にはならないと知って驚きました。コーディネーターに家族全員から希望を聞いてもらうと、妻は自宅、長男は貸店舗や賃貸ビル、長女は

貸家を相続したいと考えていることがわかりました。

これまで家族で財産のことを話し合うことはなかったので、それぞれの希望が出てくるとは想像もしていませんでしたが、孝雄さんが相続したときのようにはうまくいかないことを痛感したのです。分け方については各自の希望どおりにして、遺言書を作ることができました。妻と子どもたちも納得してくれているので、もう争うことはないでしょう。これで安心して暮らすことができます。

◇ここがポイント

・長男が全財産を相続するのが当然といった意識はほとんどない時代となった。孝雄さんのように、いざ家族の希望を聞いてみると自分とは違う考えを持っていることに気づくことが多い。おのおのの意思を確認してから遺言内容を決めれば、相続争いを未然に防ぐことができる。

・長男であれば妹弟を説得できるかといえばそうでないことも多い。兄姉よりも弟妹が強い場合もあり、簡単にはいかない。悲惨なもめ方をしないため遺言は必須。

援助

山田正晴さん

先妻の子より後妻の子を守りたい

◆家族と相続の状況

複雑な家族関係で後妻の子がうつに

山田正晴さん（70代）は結婚して一男一女を授かりましたが、妻と死別。その後、再婚して、後妻とのあいだに男の子が誕生しました。後妻は自分の子だけでなく、まだ幼かった先妻の子どもも育てなければならず、ずいぶんと苦労をしてきました。そのうえ、近くに住む正晴さんの姉も頻繁に訪ねてきてはわがもの顔で振る舞うため、後妻と後妻の子は、自分たちが住む家でありながら、どこか肩身の狭い思いをしてきました。

先妻の長女が結婚し、先妻の長男が独立してからは、

相続人関係図

●遺言作成者：山田正晴さん（70代）
●推定相続人：後妻、後妻の長男、先妻の長女、長男

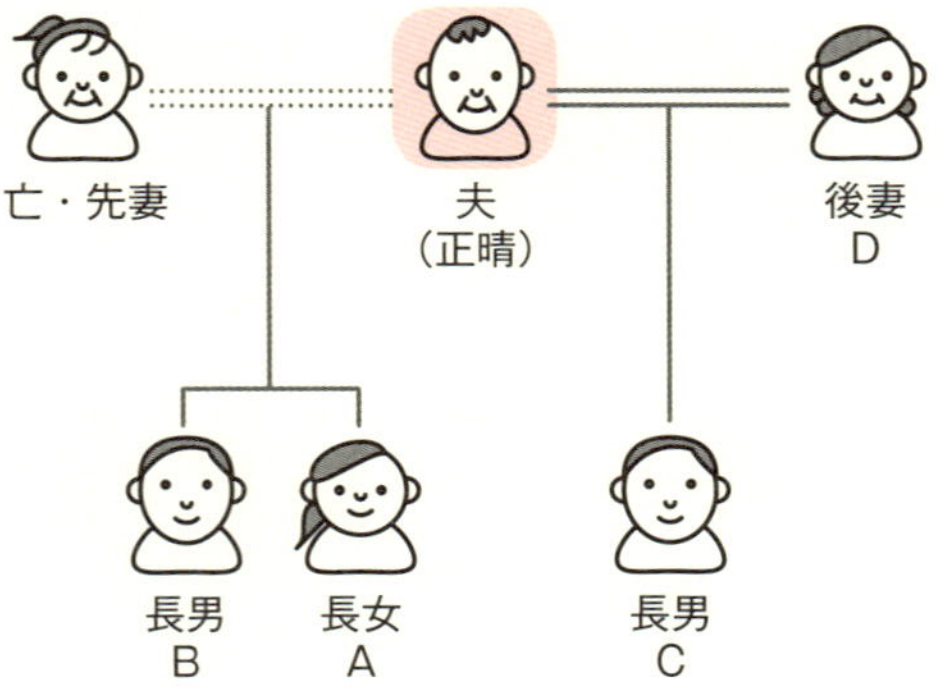

相談の結果、こうなりました！

山田正晴さんの遺言書

遺　言　書

遺言者　山田正晴は下記のとおり遺言する。

第１条

1. 遺言者は、遺言者所有の預貯金及び現金等全財産を、遺言者の長男C（昭和○○年○月○日生）に相続させる。
2. 遺言者は、遺言者の長女A（昭和○○年○月○日生）と長男B（昭和○○年○月○日生）の両名に対しては、遺言者の財産を一切相続させない。

第２条

遺言者は、本遺言者の執行者として、遺言者の妻D（昭和○○年○月○日生）を指定する。

妻Dが遺言者より先に死亡していた場合は、長男Cを遺言執行者に指定する。

第３条

長男Cは、○○年ころ、精神的な病を発病し、以後、就学・就職は全くなく、通院と入院を繰り返す日々である。今後もこの状態は生涯にわたり継続するものと推察される。C本人も真剣に闘病に取り組んでいるが、生活基盤が案じられるため、この遺言をした次第である。

Cの異母姉兄であるAとBの２人には、それぞれ現金***万円を与えているので、これを遺留分と受けとめてこの遺言を尊重してほしい。

AとBの２人は、幼くして実母を失い、その心中は察するに余りあるが、幸にして健康で生活していることに父親として感謝している。同時に、２人の育ての親であるDに対しても、生涯をかけて感謝の気持ちを忘却しないよう、「人の道」を守り続けてほしい。

平成○○年○月○日

○○県○○市○○

遺言者　山田正晴　印

夫婦と後妻の長男の３人で暮らしてきました。しかし複雑な家庭環境のためか、後妻の長男は次第に家に引きこもるようになりました。やがてうつ病となり、30代になった現在も社会と関わりを持てないでいます。

◇遺言書を作る理由

先妻の長女が財産を要求、後妻と後妻の子を守りたい

最近、先妻の長女が訪ねてきて、正晴さんに、自宅は自分がもらいたいと要求してきました。正晴さんがすぐには返答しないでいると、何度もやってきては、自宅はもらうと詰め寄ってきます。その様子を見て、後妻は将来のことをとても不安に感じたようです。正晴さんは先妻の長女の要求を受け入れるつもりはなく、自宅は後妻と後妻の長男が不安なく住めるようにしたいという気持ちです。

正晴さんは、夫婦そろって遺言書を作るために相続コーディネーターに相談しました。財産価値を調べてもらうと、自宅の土地と建物の評価は２０００万円程度ですので、配偶者の特例を利用し、後妻に贈与することができるとアドバイスされました。婚姻20年以上であれば居住用の財産は２０００万円まで贈与税がかかりません。贈与をすれば相続を待つまでもなく後妻の所有となり、そのまま後妻の長男に相続させることができます。

この提案に納得できたので、すぐに自宅を後妻に贈与し、夫婦ともに遺言書を作成しました。

先妻の子どもたちにはすでに現金を贈与してあること、異母弟の病状を理解してもらいたい心情を遺言書に記載するようにしました。

いまから自宅がほしいと言ってくる先妻の長女にとっては納得しがたいこともあるかもしれません。しかし遺言書があれば正晴さんの意思が優先されるため、いちばんの説得材料になります。苦労をかけてきた後妻が、これで安心できると言ってくれたので、ほっとしています。

◇ここがポイント

・先妻の長女がいまから財産をほしいと言っているので、相続になったらもめることが予想できる。生前から財産を要求する人がいれば遺言書は絶対必要。
・付言事項に分与の心情や願いを書いておくことは最後のメッセージとして最良の説得材料となって相続人の争いを防ぐ。

コラム

離婚、再婚は当たり前、複雑で希薄な関係

――相続人同士が他人という現状

現在、離婚や再婚が加速度的に増え、家族の人間関係が複雑になってきています。

相続人は身内というのが一般的な認識です。しかし家族といっても、離婚や再婚により、後妻や後妻の子に加え、先妻の子も相続人ということが、当たり前のこととなっています。そこに婿や嫁、孫などの養子が加わることもあります。さらに、認知した子がある場合もあります。

先妻の子と、後妻や後妻の子が会ったことがない場合もあります。認知した子については、相続になって初めてほかの相続人がその存在を知る場合もあります。もちろん生前に知らされていたという場合もあり、家庭によって状況はさまざまですが、認知に関しては「きょうだいとは認めたくない」という感情からか、たいていは会うこともありません。

このように離婚や再婚をした場合、養子や認知した子がある場合など、立場によって思惑が異なり、相続問題を円満に解決するのは非常に困難です。

配偶者も子もない人や、配偶者があっても子がない人も多く、相続人になる人が兄弟姉妹や甥姪という場合もあります。その場合は、身内、家族といえる関係であっても、普段のコミュニケーションが取れていることはまれで、普段からほとんど会うことも、話をすることもない現実があります。

そして残念なことに、実の兄弟姉妹でも同様の状況です。それぞれが独立した世帯になると、コミュニケーションを取るのが難しくなっていくようです。親子の同居が減っており、実の兄弟姉妹でも普段から話をしたり、会ったりすることがないため、いざ相続となったときに話し合いがうまくいかなくなってしまいます。

時代とともに、家族や家業に対する考えも変わってきました。以前の家族のあり方は崩壊したと言えるほどで、家や家業や兄弟姉妹の関係を守るよりも自分が大事と割り切る方が増えてきました。

こういった現状ですから、身内の情が希薄であるところに、相続になったからといって、話し合いが円満にいくはずがありません。まして、財産が関係するとなおさら難しくなるのです。

第4章

もめると悲惨！
遺言があれば避けられた争い

遺言がないと、相続人全員で
遺産分割協議をすることになります。
身内だからこそ、譲れない心情になるようで、
調停や裁判にまで発展することもあります。
実際にあった相続トラブルの実例と
未然に防ぐための方策を紹介します。

兄VS妹 → 裁判へ

松永久美さん

親の面倒もみなかった兄が権利を主張

◇相続事情

父と姉の面倒をみるため家を建てて同居

松永久美さん（50代）は、兄と姉の3人きょうだいです。結婚してからは実家を離れて生活していました。両親との同居は考えていませんでしたが、母が亡くなり、父のほうから同居して家事などをしてほしいと要望がありました。姉は独身でしたが病弱だったため、久美さんが父と姉の面倒をみることにし、夫にも同意をしてもらいました。そのとき兄からは、「自分は同居できないので、実家で親と同居してほしい」と頼まれたことを覚えています。

同居のために実家を建て替えることになり、夫が借

相続人関係図

- 相談者：松永久美さん（50代）
- 被相続人：父親
- 相続人：長男、次女（相談者）

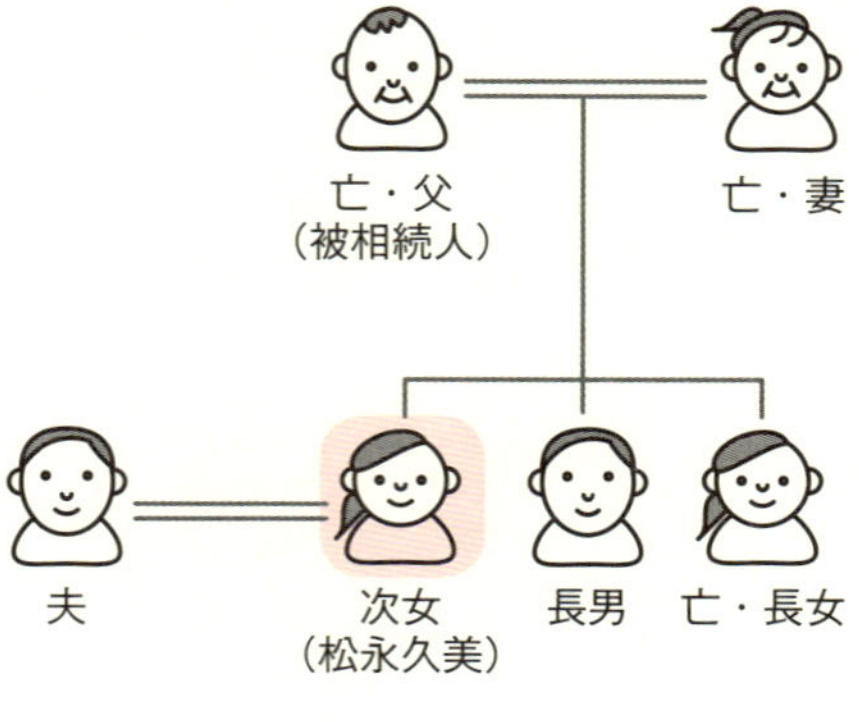

り入れをして2世帯住宅を建てることにしました。土地は父親名義ですが、建物は久美さんの夫名義にする予定でした。ところが建築中に兄が、「父親の権利も確保したいので1階は父親名義にする。その分の費用も父親に出させる」と言いだしました。夫は反対しましたが、兄は意見を曲げず、やむなく同意しました。結果、1階は父親名義、2階と3階が夫名義の2世帯住宅ができあがったのです。その後、姉は亡くなり、父親と久美さん家族で暮らしてきました。

先般、父親が亡くなったので、相続の手続きをすることになりました。相続人は兄と久美さんの2人です。兄は父親が入院したとき、父の預金は全部自分が管理をすると言って持ち出しました。父親は遺言を残しませんでした。久美さんにすれば、実家に同居し、亡姉と父親の面倒をみてきましたので、父親名義の土地と建物の1階は久美さんが相続し、現金は兄に譲ってもいいと考えていました。ところが、兄から出た言葉は「財産は半分ずつに」でした。

◇解決への試み

困った久美さんは、相続コーディネーターに相談しました。父親の遺言書はないので、兄には不動産を相続する権利はあります。しかし、住んでいるのは久美さん家族ですから、不動産は久美さんが相続し、兄が預貯金を相続するのが現実的と言われました。不動産評価よりも預貯金が少ないときは、兄に代償金を払うことでバランスを取るようにアドバイスを受けました。

久美さんは、夫が所有するマンションを売却して代償金に充ててもいいと覚悟しましたが、兄はとても歩み寄る雰囲気ではありませんでした。兄にしてみれば、駅に近い土地は価値があるので相続するのは当然という考えのようです。しかし、久美さん夫婦にとって兄は学生時代から実家を離れ、以来ほとんど寄りつきもしなかったため、許しがたい思いです。

歩み寄りの接点が見つからないまま、3年が過ぎました。兄の代理の弁護士から調停の申し立てがありました。調停、裁判に備え、久美さんも弁護士を立てて対処するつもりです。

◇遺言書があったら……

父親の公正証書遺言書があれば、もめごとを防ぐことができたはず。「同居して面倒をみてくれた久美さんには土地、建物を相続させる」「同居しなかった長男には預貯金を相続させる」と書いた遺言があったら、久美さん家族はそのまま住み続けることができる。遺言があれば、現金を相続する兄も納得するしかなく、深刻な争いにはならなかった。

◇遺言作成ポイント

- 不動産を共有名義にする場合は、将来のことを考え、慎重に判断する。
- 財産の不動産に住んでいる相続人がいる場合は、遺言書で指定しておく。
- 不動産を相続させない相続人には預貯金を分与するようにする。

姉弟 VS 兄の子

↓

弁護士へ

片岡信之さん

20年前の恨みを相続で返された

◆相続事情

亡兄の子どもの同意が得られない

片岡信之さん（70代）は4人きょうだいの末っ子で、長男、長女、次女、次男という順番です。兄と信之さんは結婚して子どももいますが、姉2人は結婚せず独身を通しました。実家から出たのは兄だけで、姉2人と信之さん家族は実家に住んでいました。

父親が亡くなって相続するとき、兄に土地の権利を放棄してもらい、実家の土地は姉たちと信之さんの3人で共同名義にしました。その後、信之さんと姉2人でお金を出し合って、3階建ての家に建て替えました。建物も3人の名義にし、20年が経ちました。

相続人関係図

●相談者：片岡信之さん（70代）
●被相続人：亡・長女
●相続人：次女、次男（相談者）、亡・長男の子2人

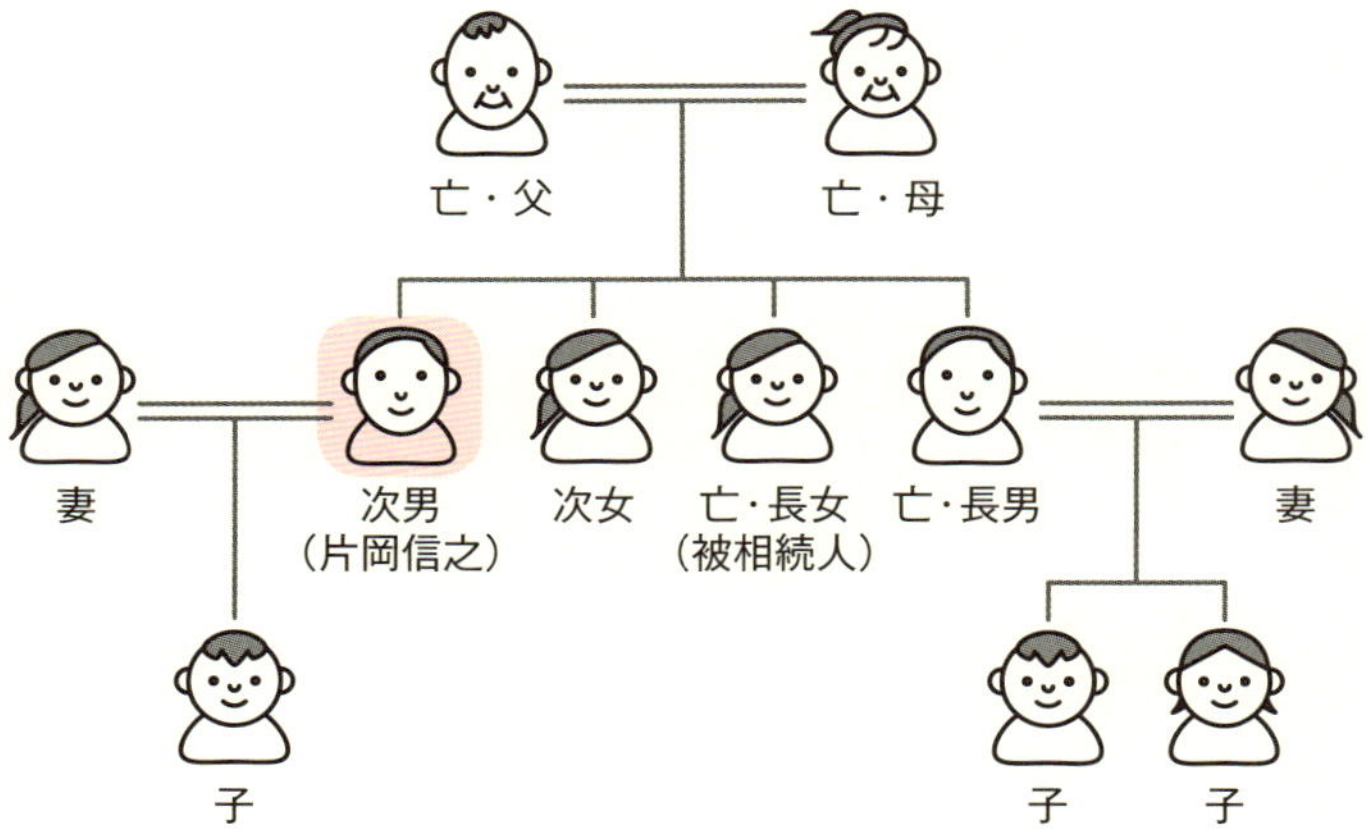

その間に長姉が亡くなり、家が老朽化してきたことや娘の結婚も決まったことから、信之さんは2世帯住宅に建て替えたいと考えました。それには資金がないため、土地を半分売却して建築費に充てようと、近くの不動産会社に相談したところ、じゅうぶんに希望額で売れそうです。安心した信之さんは、測量や土地の分筆の依頼をし、建物のプランも作成してもらっていました。

ところが、ここまで進めたところで2年前に亡くなった長姉の名義がそのままであることを指摘されたのです。まったく気に留めていなかったのですが、売却するにも亡くなった姉の相続登記をしなければならないと聞いて驚きました。

◇解決への試み

亡くなった姉の相続人は兄、次姉、信之さんの3人です。しかし、兄はすでに亡くなっているので、兄の2人の子どもが代襲相続人となることもわかりました。亡姉の名義を変えるには、相続人全員で遺産分割協議をしなければなりません。

兄の家族とは疎遠になっていましたので、兄嫁に事情を話すべく、兄が亡くなって以来初めて連絡をとりました。会って話したいという申し出をしたところ断られてしまったのです。その後、電話にも出てもらえなくなり、困まり果ててしまいました。

そこで、相続コーディネーターを通して兄嫁に事情を聞いてもらうと、どうも父親の相続時の処遇や兄の葬儀で交わした言葉などがきっかけとなり、感情的になっているようでした。そうした長年の思いがあるため、直接話し合いはしたくないということで弁護士を立ててきました。コーディネーターから、信之さんも弁護士を依頼するようにとアドバイスを受けました。

弁護士をあいだに立てて話し合った結果、実家の土地は売却して、法定割合で分けることになりました。信之さんの計画は実現せず、別の場所へ転居することになったのです。

◇遺言書があったら……

兄が亡くなり、兄嫁やその子どもと疎遠になっていたなら、独身である長姉と次姉の遺言書は絶対不可欠。遺言書があれば、協議をせずに手続きすることができた。兄弟姉妹には遺留分の減殺請求権はない（第2章45ページ参照）ので、もめることはなかったはず。次姉が遺言書を作成することで二の舞は避けられる。

◇遺言作成ポイント

・不動産の共有者がいる場合は相続でどうなるか具体的に確認しておく。
・独身の場合は両親、祖父母が亡くなっていると兄弟姉妹が相続人。兄弟姉妹が亡くなるとその子が代襲相続人となる。
・疎遠になっている事情があれば、遺言書は必要。
・兄弟姉妹には遺留分の減殺請求権はない。

姉 VS 弟 → 裁判へ

桑原 昭さん

30cmの道幅がきょうだいの争いのもとに

◆相続事情

両親を15年間介護した姉たちが納得しない

桑原昭さん（60代）は3人きょうだいで、姉が2人います。実家は閑静な住宅街にあり、父親は自宅の奥に賃貸用のアパートも建てていました。長男の昭さんは公務員となり、官舎住まいのため、長く実家を離れていました。そうした事情で近くに嫁いだ長姉と奥にあるアパートの一室に住む次姉が両親の面倒をみてくれていました。

次姉が父親のアパートに移り住んだのは、リュウマチを患った母親の看病のためでした。2人の姉が交代で母を看護していましたが、リュウマチで思うように

相続人関係図

- ●相談者：桑原昭さん（60代）
- ●被相続人：父親
- ●相続人：長女、次女、長男（相談者）

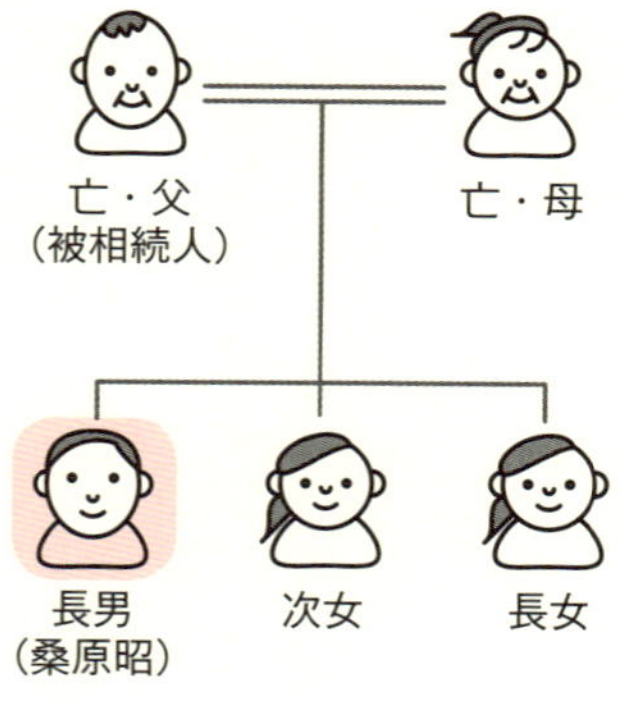

動けない母の面倒をみるのはたいへんだったようです。母を看取ったあと、今度は認知症になった父の介護が必要になり、15年以上も2人の姉が献身的に尽くしてきました。

長男の昭さんは、父親の敷地に自分名義の家を建てたものの30年のあいだ公務員として地方暮らしをしてきました。定年後にようやく戻ってきて自宅に住み、父が亡くなるまでの3年ほどは姉たちとともに介護を分担しました。

父親の土地には、父が住んでいた実家、昭さんの自宅、次姉が住むアパートがあります。奥に深い地形で、道路側に昭さんの自宅、真ん中に実家、奥にアパートという順に並んで建っているのです。

相続人はきょうだい3人なので3つに分けられる地形だと簡単なのですが、道路に面しているのは昭さんの自宅だけ。建物ごとに横に分割するわけにはいきません。また、縦に3分割すると細長い土地になってしまい、うまく活用できません。いろいろと話し合ったところ、住んでいる昭さんと次姉が土地を相続することとし、長姉は預金を相続する、という方向性は決まりました。

ところが、土地を昭さんと次姉でどのように分けるのかを決める段になって、分割案が簡単には決まらず、話し合いが紛糾してしまったのです。

◇解決への試み

現在の建物はどれも老朽化しています。いずれ建て直しの時期がくるので、現在ある建物の位置は度外視して、評価額をもとに土地の分筆を行なうようにしました。土地の分割位置を決めて、名義を変更しておき、建て直すときに家の位置をそれぞれの土地に沿って正式なものにしていくことにしたのです。さらに、道路側は昭さん、奥の敷地は次姉という現状の配置を優先して土地を分けることまでは合意ができました。

問題は、奥の土地に入る道路幅員で、次姉は最低でも3m欲しいと言います。しかし、昭さんは最高に譲っても2m70cmにしたいという主張でしたが、次姉はその30cmが譲れません。もめにもめましたが、結局次姉が譲歩して、2m70cmで分筆することになりました。こうして遺産分割協議、相続税申告とも期限内に手続きをすることができたのです。

ところがその後、次姉が弁護士を立てて、遺産分割は成立していなかったと主張してきたのです。争いは再燃することとなり、昭さんも弁護士を立てて争う結果となってしまいました。

遺言書があったら……

父親の遺言がなかったので、姉弟3人で分割協議をすることとなった。2人の姉にすれば、昭さん夫婦は財産を確保するために長年住まない家を建てておき、あとになって戻ってきたのではという思いがあった。両親の看護、介護はほとんど姉2人でしてきたのだから、昭さんの寄与分は認めない、財産は3等分にしたいとの主張だった。

それぞれの思いに温度差はあったが、合意できる分割案を提案し、互いに譲歩することで争いにならずに分割協議ができたはずだった。ところが30cmのことがどうしても譲れず感情的に対立してしまう結果となってしまった。

争って裁判になれば、昭さん夫婦と次姉夫婦のあいだには大きな溝ができてしまうだろう。互いに隣の土地に住み続けることを思うと、遺言がなかったことが残念でならない。晩年認知症を発症した父親は遺言が残せなかったのだと想像できるが、遺言を書けるうちに土地の分け方を決めておけば、よけいな感情論にならなかったと言える。

◇遺言作成ポイント

・介護や寄与の貢献度に見合う遺産分割をするために遺言書が必要。
・相続人同士では、互いの介護や寄与の貢献度を認めることは簡単ではない。
・認知症を発症すると遺言書は作成できないため、早めに作成する。

兄 VS 弟 → 調停へ

内山直樹さん

担保を盾に兄が土地全部の相続権を主張

◆相続事情

父親の土地は兄の融資に担保提供していた

父親を亡くした内山直樹さん（30代）は4人きょうだいの末っ子です。母親はすでに亡くなっています。兄と2人の姉、直樹さんの4人で財産を相続することになり、遺産分割の話し合いを始めました。

父親のおもな財産は土地と建物で、1つの土地に建物が2棟建っています。1棟は自宅と賃貸の併用住宅で、直樹さん家族が父親と同居していました。もう1棟は兄家族の自宅で、やはり賃貸住宅と併用の建物になっています。直樹さんが父親と同居していた建物は父親名義ですが、兄が住んでいる建物は兄が自分で銀

相続人関係図

- ●相談者：内山直樹さん（30代）
- ●被相続人：父親
- ●相続人：長男、長女、次女、次男（相談者）

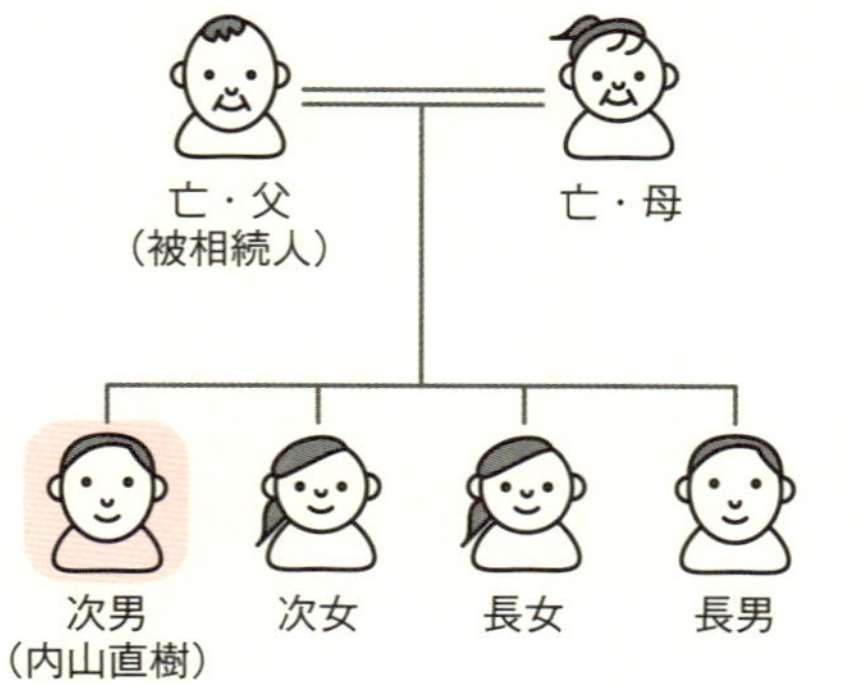

行融資を受けて建てたものです。

　遺産分割についての直樹さんの考えは、不動産は現状どおりに住んでいる兄と直樹さんで相続し、姉2人には預金を分けるということでした。相続コーディネーターにも、現実的な案だと言われたので、兄と姉たちが同意してくれれば問題なくまとまると思っていました。嫁いで家を離れている姉たちは、直樹さんの考えでよいと賛同してくれましたが、肝心の兄の合意が得られません。

　兄が同意しないことには理由があります。2棟の建物が建っているとはいえ、土地は建物ごとに分けられておらず、全部父親のものです。父親名義の建物は建築費のローンは払い終えていますが、兄のほうはまだ建築費のローンが残っています。融資を受ける際に父親の土地を担保提供していますので、土地全体に抵当権[※22]が設定されているのです。

　そのため兄は、土地を分けることはできないから、全部自分が相続したいと言いだしました。直樹さんが土地を相続したいのなら、残っている兄のローンを払ってほしい、そうすれば担保を抜いて土地を分けることができるという理屈です。

　直樹さんにはそんなまとまったお金はありません。兄の言い分が勝手すぎると思うこともあり、平行線のまま話し合いがつかないまま、10か月が過ぎ、相続税の申告期限になってしまいました。

※22 抵当権　担保となっているものを債務者のもとに残しておきながら、債務が弁済されないときにはそのものから債権者が優先的に弁済を受けることを内容とする担保物権。不動産・船舶・建設機械など登記できるものに設定される。

◇解決への試み

とりあえず未分割で相続税の申告を済ませました。その後、兄は弁護士を立てて家庭裁判所の遺産分割協議の調停の申し立てをしてきました。あくまで土地を全部相続するという主張です。

直樹さんにしてみると、両親と同居してきたことさえ度外視している兄の主張は理不尽だという思いが強いのです。しかし、弁護士からの主張に勝つことも難しいと判断しました。コーディネーターからもすすめられ、直樹さんも弁護士に依頼することにしました。

弁護士を通して遺産分割協議をする場合、直接兄弟姉妹でやりとりはしないように言われます。直樹さんも同様の状況となり、兄と話をすることさえできなくなりました。こうなると、いままでどおりに隣り合わせて住むのは精神的にたいへんな負担です。どんな結論になったとしても、直樹さんは父親の家から出ていくことを決意しました。

◇遺言書があったら……

建物が2棟あってそれぞれに住む家族が違う場合は、最初から分けられるような準備が必要。兄がアパートを建てたときに分筆をして別々の土地にし、担保も兄名義の土地だけにしておけばこうした問題は防ぐことができた。そのうえで、父親には「自宅の土地と建物は直樹さんに」「兄の建物がある土地は兄に」それぞれ相続させるとする遺言書を残してもらえば争いにはならなかった。

父の生前は表立った問題にならなかったことが、担保に入っているために土地が分けられず争いになってしまったケース。担保に入れるときに決めておくべきだったといえる。

◆遺言作成ポイント

・同じ土地に所有者が異なる建物を建てるときは、分筆しておく。
・担保は該当する土地、建物だけに設定する。
・不動産は、住んでいる人が相続できるような遺言書を作成しておく。

姉VS妹

共有名義に

前田由香さん

自宅も賃貸物件も欲しい

◆相続事情

自宅も賃貸物件も相続したい

前田由香さん（60代）は夫と離婚し、実家に戻って母親と同居していました。ひとり息子は結婚して別居しています。妹は近くに嫁いでいますが、数年前に事業家の夫を亡くし、子どももいないので現在はひとり暮らしです。父親はすでに亡くなっています。

　母親が亡くなったため、妹と2人で相続手続きをすることになりました。母親の財産は、自宅と9世帯の賃貸アパートと預金です。毎年確定申告を依頼していた税理士のところへ相談に行ったところ、アパートのローンが残っていて差し引けるので、母親の財産評価

相続人関係図

- ●相談者：前田由香さん（60代）
- ●被相続人：母親
- ●相続人：長女（相談者）、次女

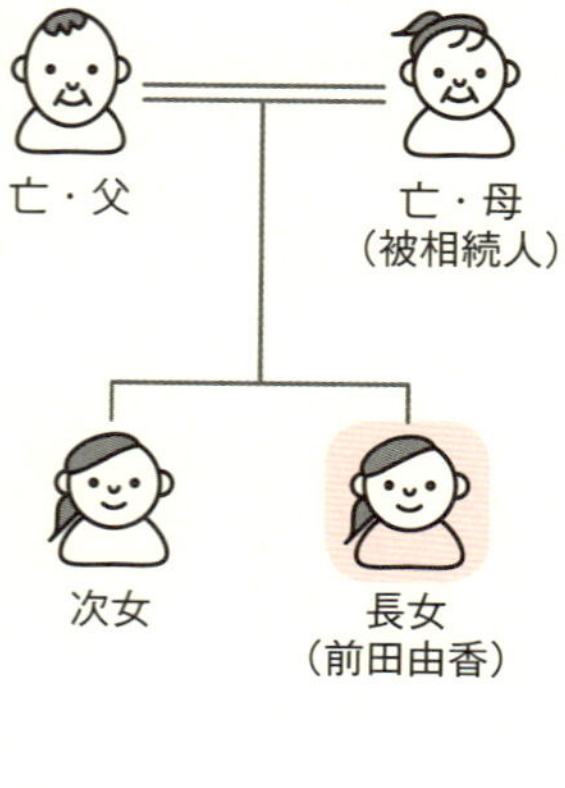

は基礎控除内（第2章48ページ参照）で相続税の申告は必要ないとのことでした。

母親の遺言書はありませんので、遺産を姉妹でどう分けるかの話し合いが必要です。

由香さんと亡き母は、アパートの家賃収入を生活費に充てていました。自宅に住み、アパートの家賃が生活費となれば、自宅もアパートも由香さんがもらいたいところです。

◇解決への試み

妹の意思を確認したところ、住む家はあるから、不動産は相続しなくてもいいと言ってくれました。不動産は由香さんが相続し、妹には代償金を支払うという基本方針には合意が得られました。代償金の額が折り合えば、問題はありません。しかし、由香さんにしてみると、「今後の生活や賃貸事業をしていくことを思うと、妹は夫の遺産もあり生活に余裕があるのだから、代償金は少なくしてもらいたい」というのが本音でした。代償金を決めるにあたり、由香さんが示した金額は妹にとっては予想以上に少なく、同意はできないという返事がかえってきました。

結局話し合いはまとまらず、とりあえず未分割のままで、共有財産としました。自宅には由香さんが住み、賃貸収入も修繕費等の支出も二等分することでなんとか維持している状態です。

◇遺言書があったら……

母親の遺言で不動産は長女にとしておけば、相続分でもめることはなかったはず。ただし、母親の生前に3人で話し合ったうえで遺言を残すのが理想的。

とりあえずの共有財産とするのは、問題を先延ばしにするだけでほんとうの解決とは言えない。今後、妹より先に由香さんが亡くなってしまうと、妹と由香さんの息子とで分割協議が必要となる。そのときにもめないよう、姉妹でよく話し合って母親の相続の遺産分割を終えることをおすすめしたい。

◇遺言作成ポイント

・相続税の申告が不要の場合、いつまでも未分割の状態が続くこともある。早めに遺産分割をしてしまうことが大事。
・不動産を共有名義にするのは、問題を先送りにしているに過ぎない。だれに何をどう分割するのか、相続させる内容をはっきりさせることが大切。

姉 VS 弟 → 不仲に

川島裕子さん

家業を継いだ弟が遺産内容を明かさない

相続事情

父の会社事業と財産を弟が独占

川島裕子さん（40代）の父親は、貸家や貸店舗を所有し、不動産賃貸業を営んでいました。母親は若くして亡くなり、裕子さんと弟は継母に育てられましたが関係は円満です。弟は勤めていた会社を辞め、父親の会社と賃貸業を継いでいますので、裕子さんから見ると家の財産で生活しているだけで楽をしていると思えるのです。

父親が亡くなり、相続の手続きをするときにも、弟は何事も自分の思惑で進めようとしてきます。継母はいっしょに住む弟夫婦に気兼ねがあるのか、弟の肩を

相続人関係図

- ●相談者：川島裕子さん（40代）
- ●被相続人：父親
- ●相続人：後妻、長女（相談者）、長男

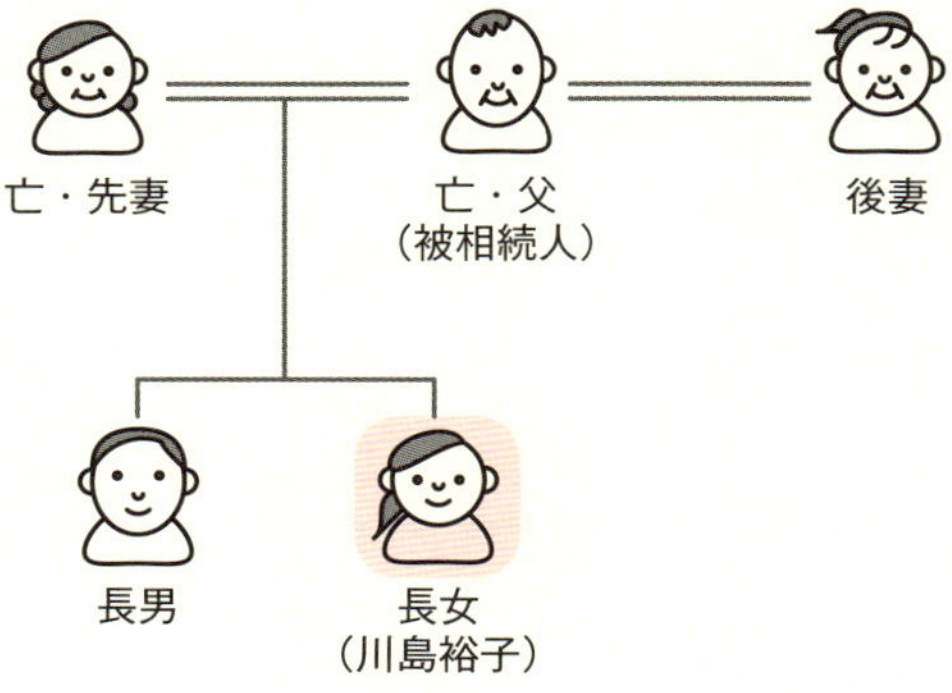

持つような発言です。

父親の遺言書はなく、遺産分割協議が必要ですが、弟は財産の詳しい内容を教えようとしないばかりか「現金を渡すので印鑑を押すように。それでなぜ文句があるのか」という態度です。顧問税理士に財産内容を質問しても、弟と打ち合わせをしているのか答えが返ってきません。

裕子さんは、結婚を機に実家を離れたため、父親の財産のことは詳しく知りません。この機会に確認をしておきたい、できるだけ節税して父の財産を残し、継母にも楽をさせてあげたい気持ちです。

◇解決への試み

困った裕子さんは相続コーディネーターに相談しました。弟が提示した分割案は、継母の相続分は全体の30％程度、裕子さんには預金の一部、残る大部分は弟自身が相続するという内容でした。これでは裕子さんと弟が相続税を多く払うことになります。

そこで、継母が相続する割合を50％まで増やし、相続税が無税になる配偶者の税額軽減の特例（第2章50ページ参照）を適用して納税の負担を減らすことをコーディネーターから提案されました。そうすれば相続税の納税を約1億円減らすことができると説明すると、弟はしぶしぶながら、この案に合意しました。さらに裕子さんは、父親が苦労して守ってきた土地は相続しておきたいと角地の駐車場と代償金を希望しました。

弟や税理士からは、「嫁に行った者は相続放棄するのが当然。土地を相続してどうする気だ」

と言われましたが、裕子さんが分割協議に同意しなければ節税も実現しません。弟と税理士は協議を長引かせるのは得策ではないと判断したようで、裕子さんの希望どおりの内容で合意が得られました。

こうして申告期限の前日に遺産分割協議書の調印を終えて、申告、納税ができたのでした。姉弟の関係はぎくしゃくしてしまいましたが、双方のメリットはあったのだからと裕子さんは納得することにしました。

◆遺言書があったら……

父親の遺言があれば、姉弟の関係がこじれることはなかったと思われる。ただし、裕子さんの遺留分（第2章45ページ参照）を侵害しない内容でないと、同じようにもめる可能性がある。実家や家業を継ぐ立場の相続人がいても、ほかの相続人にも民法で保障されている相続分を考慮し、感情面でこじれないような配慮が必要。

◆遺言作成ポイント

・家業を継いでいる相続人のほかに相続人がいる場合は、公平に遺産分割をすることが大切。

7人きょうだい

先送りに

佐々木浩三さん

分けにくい不動産がもめる要因

相続事情

親子きょうだいが皆同じ敷地に住む

佐々木浩三さん（40代）の実家は農家の分家です。父の代になってから、敷地の横にバイパスができ交通量が増えたので、立地条件を生かして、畑のあった場所で飲食店を経営してきました。浩三さんは7人きょうだいの三男です。現在は長男が父の始めた飲食店を継いでいますが、ほかのきょうだいはそれぞれ別の仕事についています。

先般、父親が亡くなり、相続の手続きが必要になりました。相続人は母親と7人の子どもたちです。どう分けたものか話し合っても全員の意見をまとめるのは

相続人関係図

- 相談者：佐々木浩三さん（40代）
- 被相続人：父親
- 相続人：母、長男、長女、次男、三男（相談者）、次女、四男、五男

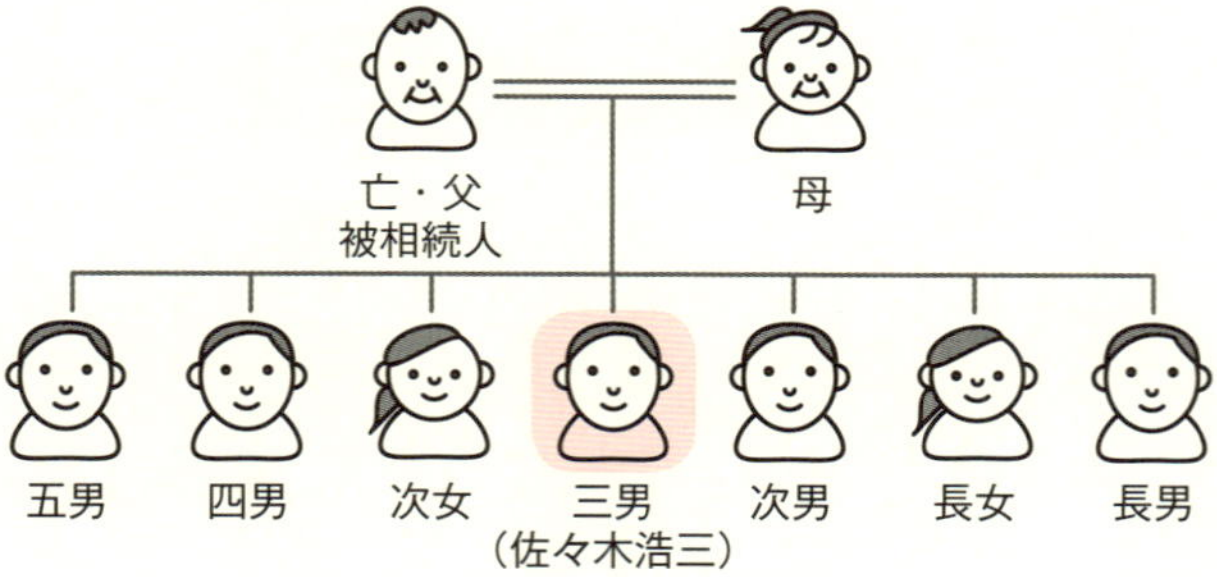

難しいと判断して、浩三さんが代表して相続コーディネーターに相談することにしました。

父親の財産の大部分は土地です。まとまった面積があり、自宅と長男が経営する飲食店、節税対策に建てた賃貸マンションの3棟が建っています。父親は、子どもたちにはそばで生活してもらいたいと希望していましたので、7人きょうだいのうち5人が父親名義の賃貸マンションに住んでいます。

親にしてみると近くに住んで、兄弟姉妹で互いに助け合ってもらいたかったのでしょう。長男と次女は結婚していますが、ほかの5人はみな独身です。

◇解決への試み

飲食店を経営する長男家族も賃貸マンションに住んでいるため、長男は飲食店と賃貸マンションの両方とも不動産の権利を主張するのではないか、と浩三さんは心配です。子どもが7人なのに、不動産を3か所で使用しているため、分け方が難しいのです。

父親の相続では、賃貸マンションの借入も残っており、母親の配偶者特例を利用すれば相続税の負担は大きくないということがわかりました。とりあえずは、不動産は母親に相続してもらい、問題を先送りしておくしかないとアドバイスを受けました。

この先、母親が亡くなったときのことを考えると、母親名義となる賃貸マンションに子ども5人が生活している現状では、誰がそのマンションを相続するかが問題です。賃貸マンションは家賃収入もあり、世帯数の多いマンションだけに誰が相続するのか簡単に決められそうにありません。子どもたちの共有名義で相続して家賃を分けていく方法もあると言われました。

親の不動産に家賃もなく住めることで、５人とも気軽に生活してきました。きょうだいの仲はいいので争うことはないとは思いますが、次の相続までに話し合って決めたいと、浩三さんは考えています。公平に分割できるかどうか、まだまだ課題があります。

◇遺言書があったら……

佐々木さん一家の場合、不動産を母親が相続することで、兄弟姉妹の関係を良好に保ったまま父親の相続手続きを済ますことができた。だが、これは課題を先送りしたに過ぎないので、将来母親が亡くなって相続になることを想定して、兄弟姉妹でよく話し合って遺産分割を決め、母親に遺言を書いてもらうことをおすすめしたい。

◇遺言作成ポイント

・不平不満が出て仲の良い兄弟姉妹が争うことのないように、生前からよく話し合うことが大事。
・不動産の分け方が難しいが、共有だと問題が残る。

コラム

遺言書はこっそり作らない

——誰かが作らせたと思わせない

遺言書があればもめない相続ができると思いたいところですが、現実には「遺言書があったことでもめてしまった」ことも多々あります。

なぜかというと、遺言の存在を知っていたのが相続人の一部であることが多く、また、遺言書の内容が特定の相続人に偏っているからです。

たとえば、「父の遺産相続のときに、同居していた長男が亡父の遺言書を出してきた。遺言書は、〝長男に全財産を相続させる〟という内容で、ほかの相続人には遺言書の存在はいっさい知らされていなかった」というようなケースです。

長男以外の相続人は、父親が自分の意思で遺言書を書いたのではなく、長男が財産をひとり占めしたいがために父親に遺言を書かせたとしか思いません。生前に相続人の誰かが父親から別の分与の話を聞いていたり、預貯金はみんなで分けるようにと言われていたりした場合はなおさら、長男が書かせたと思うでしょう。

自筆遺言書であれば、「筆跡が違う」などという疑いも出てきます。公正証書遺言であったとしても、「父親は認知症で遺言できる状況ではなかった」と指摘されたり、裁判になって筆跡鑑定や遺言の無効を主張されたりすることもあるのです。

遺言による相続分が長男に偏っていても、ほかの相続人は遺留分減殺請求ができます。しかし財産内容を公開するように言っても、長男は預貯金の額を教えず、通帳なども見せないこともよくある話で、最初から喧嘩腰ということさえあります。

こんなことになっては、遺言書があったために、かえって悪感情を引き出してしまう結果になりかねません。

こうした事例から教訓を引き出すのであれば、「遺言書はこっそり作らない」ことが大事だということです。遺言書には、「こっそり書いて、誰にも見つからないように隠しておく」というイメージがありますが、それではうまくいきません。争いのない相続を用意したいのであれば、遺言書は相続人全員に対して作ることや内容をオープンにしておくことが必要です。これができていないとせっかくの遺言書が仇になってしまいます。

「本人から相続人に伝えておく」ことが疑心暗鬼を引き出さない、最良の対策になるのです。

第5章

有効にならなかった遺言書

遺言書が無効になることも少なくありません。遺言書があるばかりに相続人同士で疑心暗鬼になったり、偏った内容がもめごとの原因になったりすることさえあります。

遺言の失敗例を知ることで争いを防ぎましょう。

曖昧な表現

父親の気持ちはわかるが遺言は無効

森口圭子さん ☹

◆家族と相続の状況

森口圭子さん（60代）は4人姉妹の四女です。四姉妹それぞれが県内や近県に嫁いでおり、それぞれ夫と子どもがいます。両親は自宅でふたり暮らしをしていますが、ともに80代後半となり、数年前から介護が必要になりました。とくに父親が病気で寝込むようになってからは介護ヘルパーを頼んでいますが、母親だけでは手が回らなくなりました。

見かねた四女の圭子さんは、パートの仕事を辞めて一日おきに実家に通い両親の介護をするようになりました。ほんとうは姉妹4人で分担したいのですが、長姉と次姉は仕事をしており、すぐ上の姉は夫が協力的

相続人関係図

●被相続人：松本一郎さん

●相続人：母親、長女、次女、三女、四女（相談者）

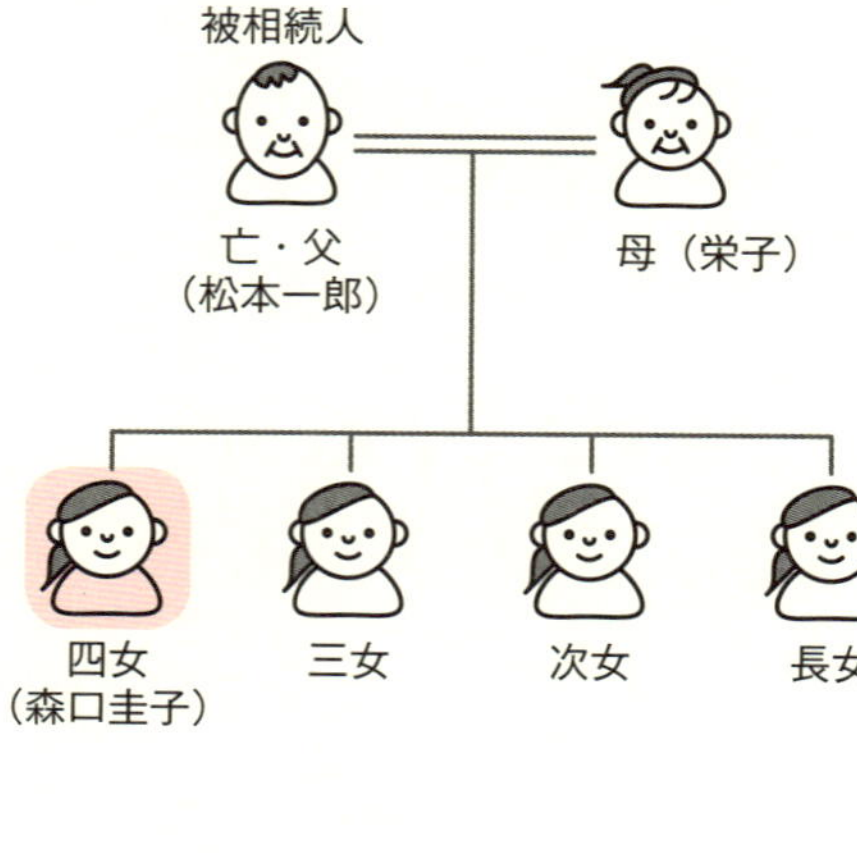

もめやすい遺言例

松本一郎さんの遺言書

遺　言　書

遺言者 松本一郎は次の事を遺言としてこの世に残します。

老後に足の悪くなった時代、私の最後まで面倒を見てくれた
娘の圭子に最大限の権威と発言を与えます。何時も夕食の
後片付けをして帰宅する娘に「ありがとうよ圭子、ありがとう」と
心の中で礼を言い、病床の中で何度涙をしたのか分からない。
お金でなく本当に私の病状を心配してくれたのは圭子である。
従って私の遺産等についての分配は圭子を最大、
第一条件に指名します。
この家について、妻栄子亡きあとは圭子に居住してもらう。
この土地は自分が苦労して手に入れたもので愛着があるから
すぐに売らないで、圭子を主体にした遠慮なくきょうだいが集まれる
“憩いの家”として楽しんでもらいたい。

平成○○年○月○日　　　　○○市○○町○○

遺言者　松本一郎　印

ではなく、結果、圭子さんが1人で両親の介護にあたってきました。

◇相続のとき、どうなった

遺言が法的拘束力がない内容だった

父親の松本一郎さんは亡くなり、遺言書を残していました。父親が亡くなった翌日、圭子さんは封をしていない父親の自筆遺言書を持って相続コーディネーターに相談に行きました。遺言が生かせるのか知りたかったからです。

相続コーディネーターは、司法書士にも確認をしたうえで、「父親の気持ちは表現されているものの、財産の分け方について明確な記載がないため、この遺言書では相続手続きはできない」という説明をしてくれました。

遺言書では、「私の全財産について○○に相続させる」「私の所有する土地、建物を○○に相続させる」「私の所有する預貯金については、○○と△△と□□で各3分の1の割合で相続させる」など、個々の財産について、誰に、どのような割合で相続させるかを明記しなければなりません。圭子さんの父親は、遺書に「娘の圭子に最大限の権威と発言を与えます」と書いていますので、おそらく自分の財産は圭子さんが自由に決めてよいという意味かと思えますが、「相続させる」という言葉ではないので、手続きができないというのです。

そうなると、財産の分け方については、母親と四姉妹で話し合って決めなければなりません。

母親は父親の遺言に異論はなく、圭子さんが相続すればいいと言ってくれましたが、問題は3人の姉たちです。圭子さんは、父親の遺言書を見せて財産は自分が相続したいと伝えましたが、3人の姉はまったく認めようとしません。このままだと父親の意思は生かされず、介護の苦労も報われないことになりそうです。

一方、母親も遺言書を書いてくれていたので、コーディネーターに確認してもらうことにしました。母の遺言書の書き方には問題はなく、家庭裁判所の検認を受けることで有効になるということでした。父親の遺言書も生前にアドバイスを受けて書き直しておけばよかったと悔いが残ります。

◆遺言作成ポイント

・遺言書には、財産分与の内容を明記しておかなければなりません。

実物
「娘の圭子に最大限の権威と発言を与えます」
「私の遺産についての分配は圭子を最大、第一条件に指名します」

訂正例 ←
「娘の圭子に全財産を相続させます」
「私の遺産についての分配は圭子を遺言執行者として指定します」

訂正印なし

妻に全財産としたが実現せず

菊地典子さん 😟

家族と相続の状況

菊地典子さん（60代）は、先夫とのあいだに２人の子どもがいますが、子どもは先夫側が引き取っており、自分で育てることはできませんでした。その後、徹さんと出会い、再婚しました。夫にも先妻の子が２人あります。子どもは先妻が引き取ったということで、典子さんは会ったことはありません。

典子さんは、再婚してから夫の家で生活をしてきました。夫は普段から「自分が死んだらこの家をあげる」と言ってくれており、自筆の遺言書もあります。遺言には「財産はすべて妻に」と書いてありましたので、それで安心していました。

相続人関係図

●被相続人：菊池徹さん
●相続人：後妻（相談者）、先妻の子２人

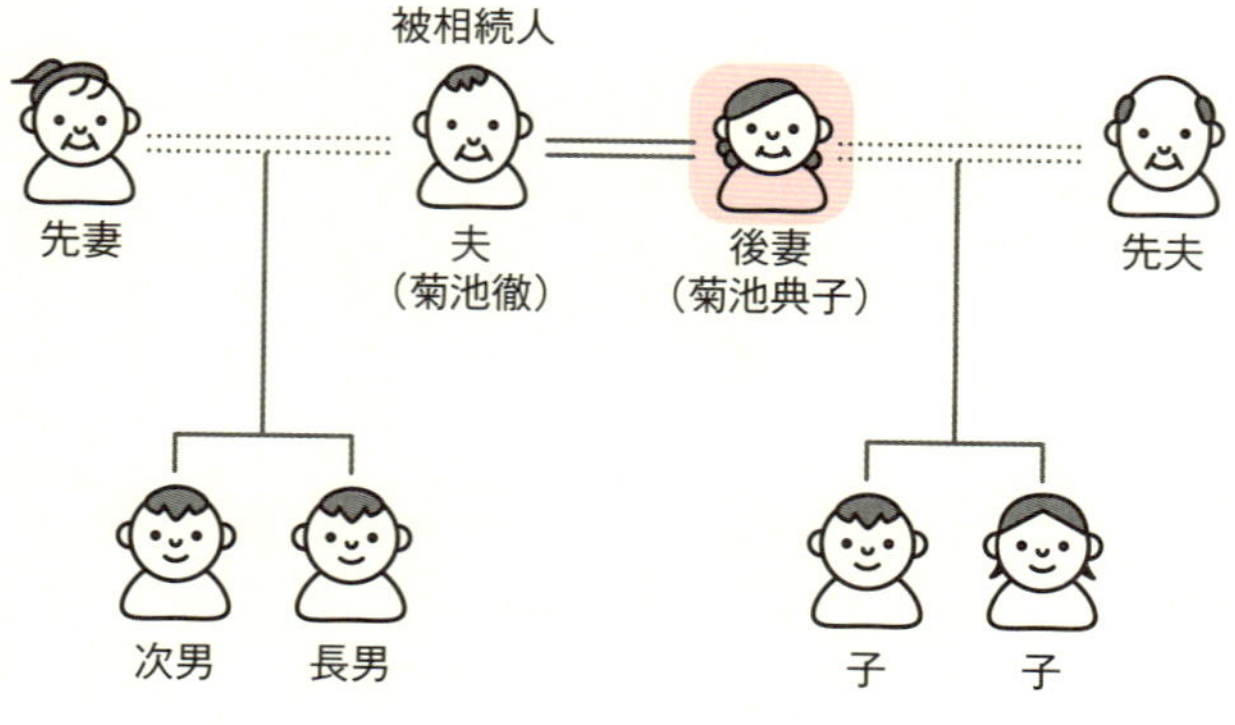

もめやすい遺言例　菊池徹さんの遺言書

遺　言　書

私が死んだ後の財産はすべて~~のり~~典子に。
子ども二人にはすでに渡してあり、~~○○○○区~~○○市の
公証役場に届けてある。
○○保険の受取人△△が死んでいる時は、
典子と××に半分ずつ。

平成○○年○月○日
平成○○年○月○日
菊池 徹 印

△△が１月25日亡くなったので訂正する。
○○銀行に投資してあるものはすべて××にあげる。

平成○○年○月○日
平成○○年○月○日

けれども、いざ夫が亡くなってしまうと、ほんとうにこの遺言書で大丈夫なのか不安になり、相続コーディネーターのところへ相談に行ってみました。

相続のとき、どうなった

訂正したため遺言は無効に

典子さんの夫の遺言書は、何か所も書き直してあるのですが、消した部分に訂正印がありませんでした。念のため司法書士にも確認してもらったところ、夫の遺言書の訂正した箇所は無効となるため、手続きを行うことは難しいと言われました。

また、夫の遺言には「私が死んだあとの財産はすべて典子に」と書いてありますが、「すべて典子に」のあとに「相続させる」と書いていないため、遺言として表現が曖昧で疑義が残ります。

遺言書が無効となれば、夫の先妻の子2人と話し合うしか方法はありません。生前、夫は先妻の子ども2人には現金を渡してあると話していましたし、先妻の長男は夫に危害を加えたこともあるそうで、夫は子どもに財産を渡すつもりはないと言っていました。しかし、頼みの綱の遺言書が無効では、夫の意思が生かせるとは思えません。

登記簿を調べてもらうと、典子さんが夫と住んでいた家は、先妻の名義も残っていることが判明しました。生前、夫からは聞いていなかったので寝耳に水です。夫が亡くなったと聞いて、先妻は典子さんに権利を買い取るよう主張してきました。この家に住み続けるには、夫の先妻にもいくらか払わないと解決できそうにありません。

◇遺言作成ポイント

・文章は「○○に○○を相続させる」と内容を明確に最後まで書くこと。

実物「私が死んだ後の財産はすべて典子に」

↓

訂正例「私の財産は、すべて妻典子に相続させます」

・遺言書を訂正した場合は、法律に従うこと。

訂正方法…遺言書本文中の間違い箇所を二重線で消す。
二重線で消した右側に（横書きの場合は上に）書き直す。
書き直した文字の下に印鑑を押す（署名の箇所に押印した印鑑で）。
訂正した文の横に何文字加えて何文字削除したかを付記して署名する。

納税できない

遺言どおりでは相続税が払えない

新井幸広さん ☹

◇家族と相続の状況

新井幸広さん（60代）の父親幸一郎さんは、戦争体験者です。戦時中は家族とともに外国へ赴任していましたが、終戦となり故郷へ戻ってきました。その後、幸一郎さんは東京に出て公務員となり、現在の場所に居を構えました。先妻を亡くし再婚しましたが、後妻も先に亡くなり、長らくひとり暮らしをしていました。そのため老後の面倒をみてもらいたいからと、先妻との長男である幸広さん家族のために、実家近くに幸一郎さんが住宅を購入してくれました。

幸一郎さんは90代で亡くなりました。相続人は、先妻との子である幸広さんと妹2人、弟1人、そして異

相続人関係図

●被相続人:新井幸一郎さん

●相続人:先妻の長男（相談者）、長女、次女、次男、後妻の長男

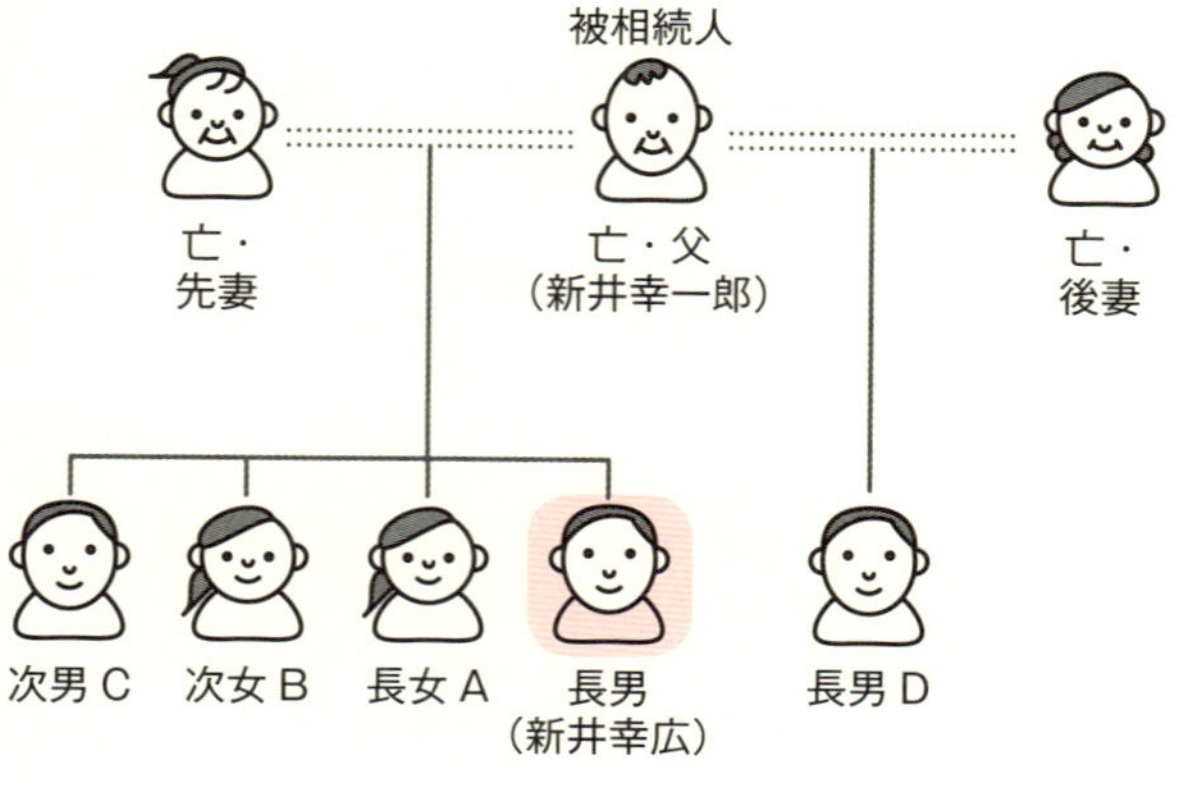

遺言公正証書

本公証人は、遺言者 新井幸一郎の嘱託により証人○○、証人○○の立会いのもとに、遺言者の口述を筆記してこの証書を作成する。

第１条　（略）

第２条　（略）

第３条　遺言者は、下記土地を、遺言者の長男幸広、遺言者の長女Ａ、遺言者の次女Ｂ、遺言者の次男Ｃ、遺言者の長男Ｄの5名に均等の割合で相続させる。相続人等は共同してこの土地を売却し、その代金を相続税の納税資金に充てるように。

土地 所在　○○市○○町○丁目
　　 地番　○○○番○
　　 地目　畑
　　 地積　○○平方メートル

第４条　遺言者は、この遺言の執行者として、前記長男幸広を指定する。

（中略）

○○県○○市○○　無職　遺言者　新井幸一郎　印
昭和○○年○月○日生

母弟1人の、計5人です。弟妹や異母弟とは普段から行き来があり、何も問題ありません。しかも父親は生前に、子ども全員にそれぞれ現金や土地を贈与して、それが財産分与だと常日ごろから話していましたので、子ども5人はみな了解しています。

◇相続のとき、どうなった

共有とされた土地は分割協議をし直した

父親は用意周到に公正証書遺言を作成していました。面倒をみた貢献度などから幸広さんの相続割合がいちばん多くなっていましたが、内容には誰も異論はありません。けれども「200坪の土地を子ども5人に均等に相続させる」とした文言が問題となりました。

父親は「子どもたち5人で相続し、売却代金で相続税を支払うように」と記載していますので、そのとおりにすれば、土地は子ども5人の共同名義にして相続し売却することになります。売却代金の5分の1が1人分の相続分となります。しかし、それでは相続税をいちばん多く払う幸広さんは、相続税が払えないのではないかと心配になったのです。

どうしたものかアドバイスを受けるため、相続コーディネーターを訪ねました。すると、遺言どおりに分割した場合、幸広さんの相続分では納税額に足りなくなることがわかりました。そこで遺言書はそのまま生かして手続きをし、問題の土地の相続に関しては別途、遺産分割協議書を作成することをすすめられました。相続人全員が同意した協議書があれば、遺言の一部について内容を変えて手続きができるということでした。遺産分割協議書の内容は、土地を幸広さん名義で相続し売却したうえで、その売却資金で全員分の納税をして、残った財産を公平に分けるというものです。

幸広さんは、こうした方法があることを聞いてほっとしました。そこで、相続コーディネーターに分割協議書の作成や土地の売却手続きなどを依頼して、不安なく手続きを終えることができました。

◇遺言作成ポイント

- 財産を相続する割合で相続税が決まるため、均等にいかないこともある。
- 売却地は共同名義で相続するよりも代表者が相続したほうが手続きを簡略できる。

実物　「相続人5人に均等の割合で相続させる」

↓

訂正例　「遺言執行者の長男幸広が相続、売却し、売却代金から相続にかかる納税額や諸費用を差し引いた残りを相続人5人で均等の割合で分割する」

偏りのある遺言

遺言の内容では嫁が納得しない

木村 修さん ☹

◇家族と相続の状況

木村修さん（50代）は3人兄弟の長男で、弟が2人います。修さんは海外勤務などもある転勤族のため、両親とは同居をしてきませんでした。両親からは同居してもらいたいという話が何度もありましたが、実家は狭く同居するにはリフォームが必要になることを理由に、結局、修さんが実家の近くに自宅を購入し、介護に通うことで対処してきました。

修さんは会社勤めをしていますので、介護のために実家に通ったのは修さんの妻がいちばん多いのが現実です。弟の嫁たちもたまに手伝いに来ましたが、修さんの妻は、長男の嫁として木村家に尽くしてきたと

相続人関係図

●被相続人:木村辰雄さん

●相続人:母親、長男（相談者）、次男、三男

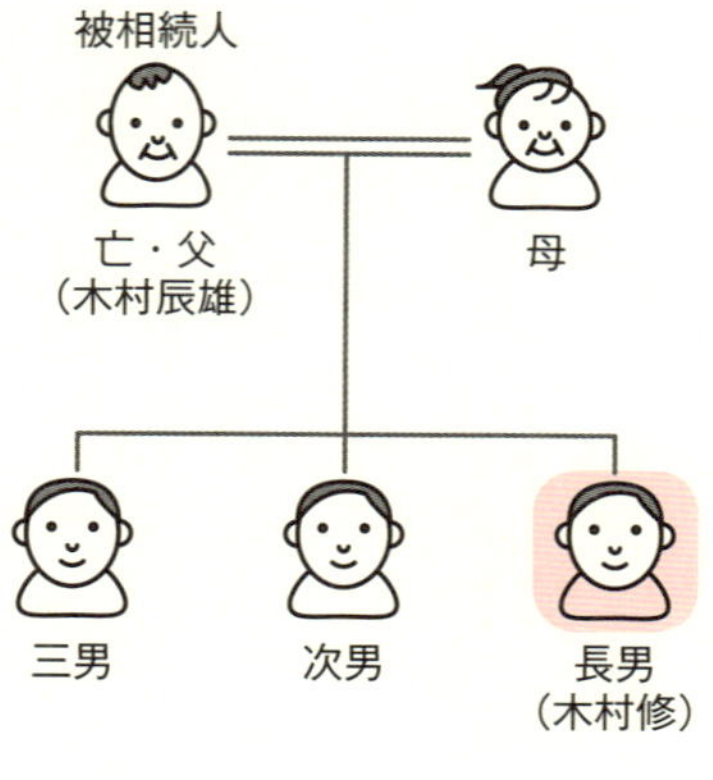

もめやすい遺言例 ―― 木村辰雄さんの遺言書

遺　言　書

私は私名義の財産をすべて
妻○○に相続させます。

平成○○年○月○日

木村辰雄　印

思っています。
父親の辰雄さんが亡くなったとき、修さんは母親から父親が残した遺言書を見せられました。「妻に全財産を相続させる」という内容だと知り、いちばん憤慨したのは修さんの妻でした。自分たちが介護してきたことに対し、財産をもらえないのは納得できないという気持ちです。

◇相続のとき、どうなった

遺言は執行せず、遺産分割協議をした

母親は、父親の遺言書のとおりに全財産を自分が相続すれば相続税もかからないと思い込み、預貯金がどれだけあるかを修さんには教えようとしませんでした。しかし、自宅の不動産評価だけでも4000万円程度あり、ほかに父親の退職金などが預金として残っているだろうと推測すると相続税の申告が必要になると思われます。修さんは何かいい方法がないか、相続コーディネーターに相談してみました。

すると、相続税の申告の要否を判断するためにも、父親の預金額を母親に確認することが先決だとアドバイスを受けました。相続税の申告が必要な財産であるにもかかわらず、申告をしないでいると、故意に財産を隠して脱税したということになりかねないというのです。

そこで母親を連れていき、コーディネーターから直接説明してもらいました。母親は、夫の財産なので何もしなくても自分のものだという感覚だったようですが、申告をする必要がある

とようやく理解してくれました。父親の預貯金を確認してみると、案の定、相続税の申告が必要な財産だとわかり、遺言は使わずに遺産分割協議をすることにしました。

修さん夫婦は、将来母親の面倒をみるのは自分たちなのだから、不動産も相続しておきたいという希望がありました。しかし納税額を減らすためには、自宅は同居してきた母親が相続することが有利だと知りました。その代わりに預貯金は修さんと弟2人で等分に相続する内容で、全員が合意しましたので、遺産分割協議書を作成して手続きができたのです。修さんの妻も介護してきたことが報われた気持ちになって、母親の介護も快くできるようになりました。

◇遺言作成ポイント

・遺言書は遺留分を侵害しないよう、バランスが取れていることが理想。
・配偶者が全財産を相続するより子どもにも分けると次の相続税が少なくなる。
・同居する相続人が自宅を相続することで節税になる。

実物　「私名義の財産をすべて妻に相続させます」

↓

訂正例　「私名義の財産のうち、不動産は妻に、預貯金は子どもに各3分の1ずつを相続させます」

相続人以外への遺言

林 理恵さん ☹

遺言内容に実の姉弟から不満が

◆家族と相続の状況

林理恵さんのいとこ清水弘子さんは20年以上前に夫を亡くし、子どもがいなかったため、ずっとひとり暮らしをしてきました。弘子さんには姉と弟がいますが、近くに住む姉とも行き来はなく、遠方に住む弟とも長年会っていない状況でした。

林理恵さんは、弘子さんと住んでいる地域も近かったので、ひとり暮らしの弘子さんを訪ねては、元気に暮らしているか気遣っていました。弘子さんも、理恵さん夫婦を信頼して、何かあるたびに頼りにしていました。

一昨年、弘子さんにガンが見つかり、入院して手術

相続人関係図

●被相続人:清水弘子さん
●相続人:姉と弟

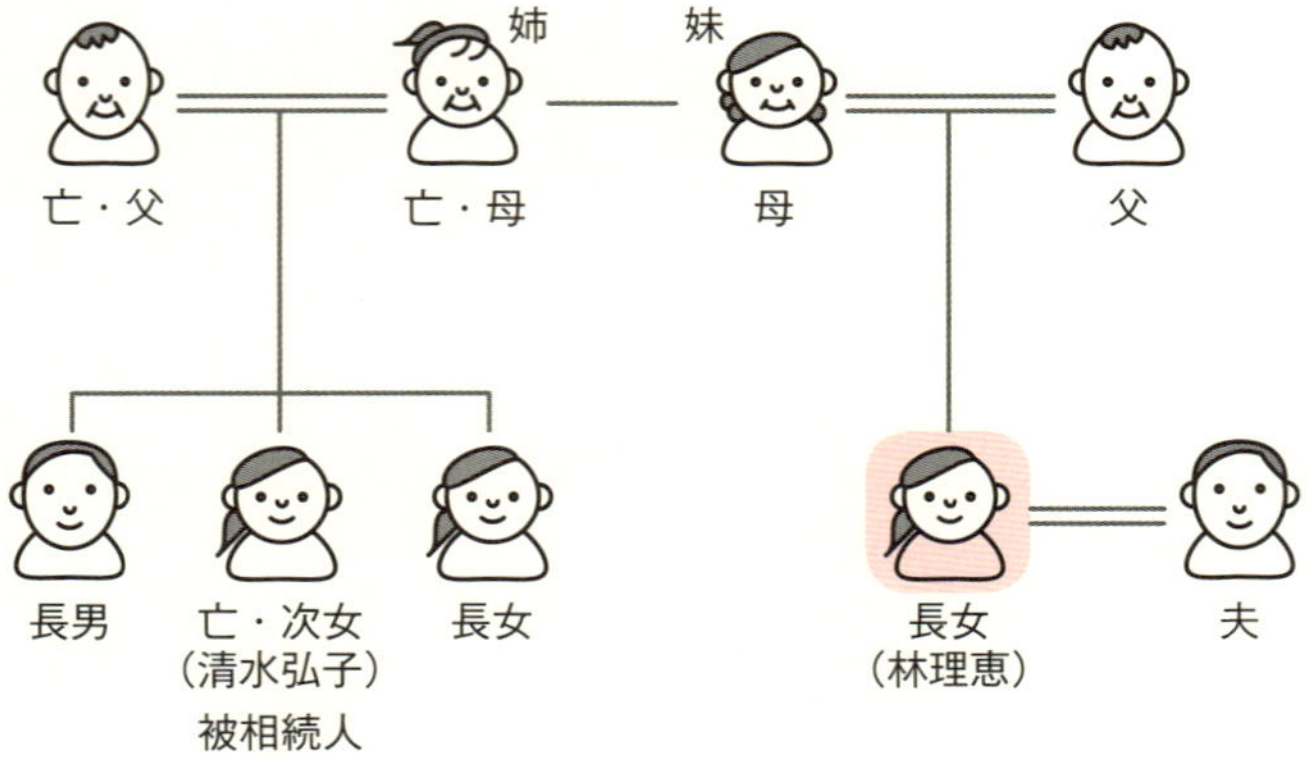

もめやすい遺言例　――――　清水弘子さんの遺言書

遺　言　書

私の死後遺産は○○市○○の○○・
林理恵夫妻に差し上げたく存じます。

その理由は永年にわたり私の手となり足となって助
けて下さいました。
何十年の間お世話になり、お礼もしてありません。
私の遺産わずかですが差し上げたく存じます。

行政の方、私の願い叶いますよう、お取り計らい
下さいますよう、お願い申し上げます。

平成○○年○月○日　　　　○○区○○○○

清水弘子　印

をすることになりました。その際、理恵さん夫婦が、病院の手配や入院中の付き添い、退院後の看病まで、ほとんどのことを献身的にしてあげたことから、弘子さんはいっそう理恵さん夫婦に感謝するようになったのです。

ガンが見つかってから約一年半で弘子さんは亡くなってしまいましたが、入院中に、自筆で遺言を書き、理恵さんに預けていました。

◇相続のとき、どうなった

実の姉弟から不満が出た

弘子さんの姉と弟は、理恵さん夫婦がずっと弘子さんの面倒をみてくれているのを承知していました。しかし、弘子さんの財産がいとこの理恵さん夫婦のものになるとわかったときは驚いたようで、相続人の自分たちに権利があると言いだしました。

理恵さん夫婦は、自筆遺言書を見せて、それが弘子さんの意思であることを納得してもらおうとしましたが、簡単には引き下がる様子はありません。姉と弟には遺留分減殺請求権がないため、遺言を生かすと弘子さんの姉と弟は財産を相続できません。姉も弟も納得がいかないと言って、感情的になる場面もありました。

こうした経緯があり、理恵さん夫婦は遺言書の検認（第1章24ページ参照）が無事に終わっても、ほんとうに手続きができるのか不安になり、相続コーディネーターに相談したのです。

確認してもらうと、表現は曖昧なところがあるものの、問題なく相続手続きができることがわかりました。そこで、不動産登記や預金解約の手続きができました。

遺言作成ポイント

- 相続人には「相続させる」とし、相続人以外は「遺贈する」と記載する。
- 財産分与の割合につき「等分に」あるいは「各2分の1ずつ」のように明記する。
- 相続人ではない者に遺贈したい場合でも、法定相続人に多少分与があるほうが無難。

実物　「私の死後遺産は林理恵夫妻に差し上げたく存じます」

↓

訂正例　「私の死後遺産は林理恵夫妻に等分に遺贈いたします」

疑わしい遺言

不自然な遺言書で疑心暗鬼に

柴崎美雪さん

◆家族と相続の状況

柴崎美雪さん（50代）は3人きょうだいで兄と姉がいます。父親の中嶋清さんは、実家のある地方都市では名の知れた会社の創業者です。母親は60代で他界してしまい、その後、父親は内縁の妻と暮らしていましたが、父親が亡くなる2年前に入籍しています。再婚を反対していた子どもたちには事後報告でした。

父親が亡くなったあと、自筆の遺言書があると後妻が出してきました。見ると、鉛筆で書いた箇所や訂正した箇所があり、書式も普通の遺言書とは違うので、美雪さんと姉は遺言書として認める気にはなれません。美雪さんの想像では、遺言書を書くための下書き

相続人関係図

- ●被相続人：中嶋清さん
- ●相続人：後妻、長男、長女、次女（相談者）

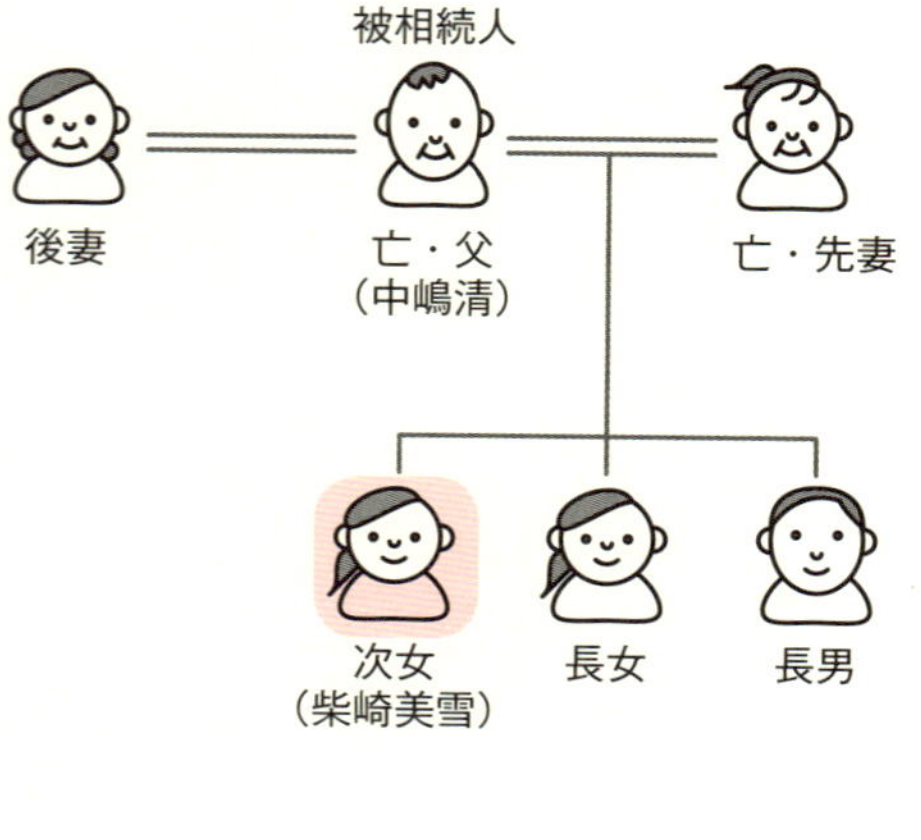

もめやすい遺言例 ―― 中嶋 清さんの遺言書

遺　言　書

下記、中嶋 清の資産を下記の相続人に遺言する。

財産	内容	詳細	長男○○	長女○○	二女○○	妻○○
自宅	○○坪	○○市○○	40%	10%	10%	40%
土地	○○坪	○○市○○	100%			
アパート		○○市○○				100%
株式	○○株	株式会社○○	3000株	600株	600株	300株
定期預金	○△銀行		50%			50%
定期預金	○×銀行		50%			50%
現金			50%			50%
自社株			50%	10%	10%	30%

遺言執行者は、長男○○と妻○○とする。
相談役は○○と○○とする。

平成○○年○月○日

○○市○○

中嶋 清　印

か、財産の配分を確認するためのメモを、あとから無理矢理、遺言書としたのではないかと思えるくらい不自然なのです。

それだけでなく、後妻は、美雪さんと姉には預貯金などの明細は見せず、税理士、行政書士など自分のとりまきに依頼して何事も勝手に進めています。頼りの兄は、どうも後妻に肩入れする発言が多く、美雪さんと姉には同調しない雰囲気です。

◇相続のとき、どうなった

遺言を偽造だとして裁判を起こした

結局、兄は後妻側についてしまい、まったく頼りになりません。美雪さんと姉は離れて住んでいますので、父親の日常の様子はよくわからないものの、遺言書を確認すると作成年月日は父親が検査入院している時期でした。体調がすぐれないときに書いたものとはどうしても思えず、遺言書の存在自体が偽造されたものではないかと疑いを持ちました。オーナー経営者だった父親には相当な役員報酬があり、預金もかなりあるはずなのに、後妻が預貯金の額などを教えないことにも疑問を持ちました。

美雪さんと姉は、遺言の筆跡鑑定をしたうえで、弁護士に依頼して、遺言は偽造で無効だという裁判を起こしましたが、時間がかかりそうです。そのあいだに遺言書の検認が終わり、後妻と長男により執行されてしまいました。美雪さんは、財産を多くもらいたいということではなく、後妻が財産を隠さずに話をしてくれることを望んでいますが、裁判をしている状況では今後円満にはいきそうにもありません。

◇遺言作成ポイント

・自筆証書遺言は偽造を疑がわれることもあるため、公正証書のほうが安心できる。
・筆跡鑑定による遺言書が偽造されたという主張を通すのは難しい。
・弁護士に依頼して裁判を起こしても時間と費用がかかる。
・遺言書の文言は明確にする。表組みなど空欄があるとあとから直してもわからないので、文章で書いたほうが疑われる可能性が少なくなる。

実物　「資産を下記の相続人に遺言する」

←

訂正例　「私の所有する財産につき、下記の割合で相続させる。
不動産　妻40％　長男40％　長女10％　次女10％」

介護の貢献度

配偶者と長男に相続分がない

池田智代さん

◆家族と相続の状況

池田智代さん（40代）の父親・阿部隆さんは建設関係の会社の創業者です。個人名義と会社名義で不動産を所有しているため、不動産会社も設立して管理していました。現在は、智代さんの兄が父親からすべての不動産を引き継ぎ、会社の代表者として経営にあたっています。

兄家族は実家のすぐ近くに住んでいますが、同居はしておらず、両親はずっと2人で暮らしてきました。智代さんは結婚してから夫の仕事の関係で他県に住んでいました。

両親とも高齢となり、父親の介護が必要になったた

相続人関係図

●被相続人:阿部隆さん
●相続人:母親、長男、長女（相談者）

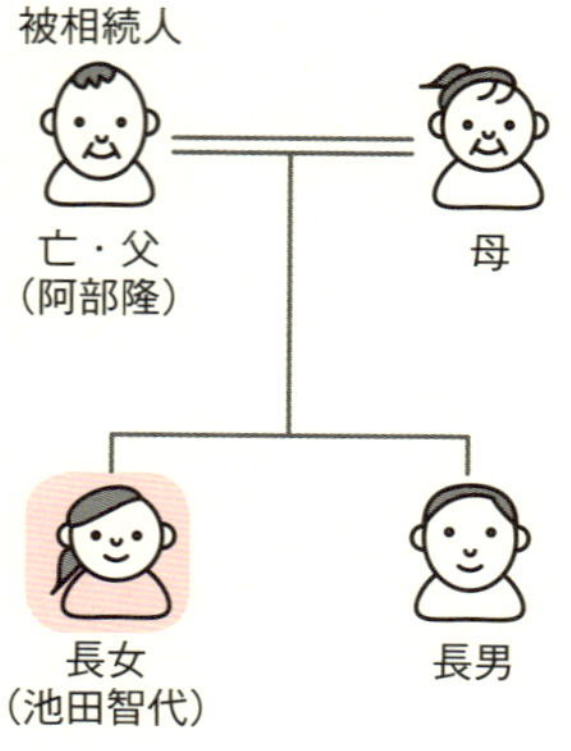

もめやすい遺言例 ―― 阿部 隆さんの遺言書

遺言公正証書

本公証人は、遺言者　阿部 隆の嘱託により、
証人○○、同○○の立会いのもとに、遺言者の口述の要旨を筆記してこの証書を作成する。

第１条　私は、金融機関に預託してある預貯金及び
　　　　不動産を含む全財産を次の者に相続させる。

相続人の表示
　　　　○○県○○市○○
　　　　無職
　　　　長女　池田智代（昭和○○年○○月○○日生）

第２条　私は、この遺言の執行者として前述の
　　　　池田智代を指定する。

（中略）

○○県○○市○○

遺言者　阿部 隆　印
大正○○年○月○日生

め、智代さんは子どもを連れて実家に戻り生活をするようになりました。夫も理解してくれています。

母親はまだ元気なので、母親が父親の介護をすればいいのですが、母自身も高齢でたいへんだとこぼしていました。できれば娘の智代さんに面倒をみてもらいたいという父親の希望もあってのことでした。

父親は、普段から智代さんに「財産は全部任せるので守ってもらいたい」と言っていました。兄にはすでに不動産を贈与してあり、会社も継いでいます。母親には会社から役員報酬が払われるので生活に不自由はないだろうからと、公正証書遺言も作成してくれました。

◇相続のとき、どうなった

母と兄は遺言の存在を知らなかった

父親が亡くなり、相続の話し合いになりましたが、母親と兄は、父親の遺言書があることを知らされていない様子です。父親の残した公正証書遺言には「智代さんに全財産を相続させる」という内容が記載されています。遺言執行者も「長女　池田智代」となっており、母親と兄の記載はありません。智代さんは、母親と兄がこの内容を理解してくれるか不安になって、相続コーディネーターに相談しました。

遺言は有効なので、母親と兄の同意を得なくても手続きができることがわかりました。しかし、それを不服として母親あるいは兄が遺留分（第2章45ページ参照）の請求をした場合は、法定の割合に応じた額を智代さんが支払わなくてはなりません。そうなると、母親や兄との関係もぎくしゃくするでしょうし、智代さんには預金がありませんので支払うために相続した財産を手放すことになるかもしれません。

智代さんは、相続手続きの前に母親と兄に遺言書を見せ、納得してもらえるよう頼んでみることにしました。納得してもらえなければ、話し合って相続分を決めるつもりです。

◇遺言作成ポイント

・遺言書があることを生前、本人から相続人全員に伝えておく。
・偏った財産分与の場合は、理由を付言事項に明記する。
・すでに贈与した財産があれば付言事項に明記する。

実物　「長女○○に全財産を相続させる」（書き方に問題はないが、理由などの記載なし）

↓

訂正例　「長女○○に全財産を相続させる。
付言事項：長女○○は嫁いだにもかかわらず夫の理解のもと、同居してまで献身的に介護をしてくれた。長男△△にはすでに不動産を贈与しており、妻□□には相当の役員報酬を払ってきているので、この分与につき遺留分請求をしないように願います」

廃除

長男を廃除する遺言に本人が抗議

橋本真由美さん

◇家族と相続の状況

橋本真由美さん（40代）は、20代のころに膠原病を発症し、通院を続けなければならない状態でしたので、結婚をせずにずっと両親と同居してきました。弟は結婚してから別のところに住んでいます。現在は離婚して1人で生活しています。10年前に母親が他界してからは、父親と真由美さんの2人で暮らしてきました。

父親は、真由美さんのことが気がかりだったようで、「財産はすべて真由美に相続させる」という内容の自筆遺言書を作成してくれていました。弟に対しては、消費者ローンの借入れが増えて困っていた際に借金返済のための金銭を渡しましたし、離婚したときの慰謝

相続人関係図

●被相続人:橋本昭一さん
●相続人:長女（相談者）、長男

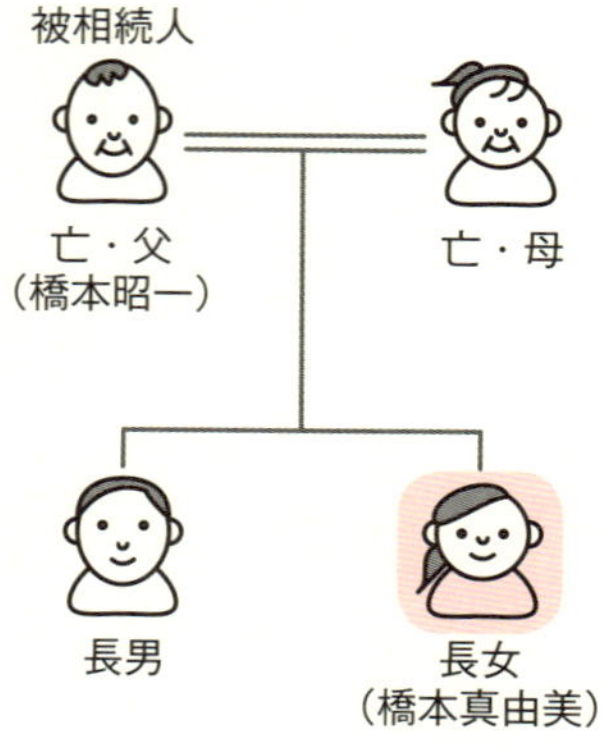

もめやすい遺言例

橋本昭一さんの遺言書

遺　言　書

私、橋本昭一は次のとおり遺言します。

第１条　遺言者は、その所有に係る次の不動産を遺言者の
長女真由美（昭和○○年○月○日生）に相続させる。

不動産の表示
１棟の建物の表示
所在　○○県○○市○○
地番　○○
（中略）

第２条　遺言者は次記金融資産及びその他現金を含む
一切の資産を長女真由美に相続させる。

第３条　長男××（昭和○○年○月○日生）は以下のとおり、
著しい非行があったので、遺言者は上記長男を廃除する。
（中略）
私からも立替払いということで一千万円にも及ぶ
資金を持ち出すが返済不能の状態になった。
真由美は○歳のとき、膠原病を患い、入退院を繰り返し、
現在も働けない状態である。両親は真由美の将来の
ため共稼ぎして蓄財した。××にこれ以上の借財の援助
はできない。

第４条　遺言者は、本遺言の執行者として、長女真由美を
指定する。遺言者は遺言執行者に対して、
預貯金などの名義変更、払い戻し、解約等に関する
一切の権限を付する。

平成○○年○月○日

○○区○○○○
橋本昭一　印

料も援助した経緯がありますので、もう財産は渡してあるという気持ちが強くあったようです。

◇相続のとき、どうなった

財産をもらえない弟が納得しない

父親の遺言書には、弟について「長男××を廃除する」と記載してありました。遺言書を確認した弟は納得せず、自分も財産をもらいたいと真由美さんに言ってきました。真由美さんは、父親の気持ちは理解していますが、独身ですので今後頼れる身内は弟しかいないと思うとむげにもできません。

そこで、もめずに円満な形で遺産分割をしようと考え、中立な立場でアドバイスをしてもらうため、弟と一緒に相続コーディネーターのところへ相談に行きました。そうして根気よく何度も話し合いを重ねて、橋本さんも弟も歩み寄ることができる分割案ができました。争いにならず望んだとおりに円満に分割協議をすることができて、ほっとしました。

◇遺言作成ポイント

- 遺言を執行しない場合は、遺産分割協議をする。
- 真由美さんと弟は、遺産分割協議でお互いに納得するかたちで相続分を決めることができたが、遺言書の書き方によっては、弟も納得したうえで真由美さんが父親の意思どおりに全財産を相続することができたかもしれない。

実物　「遺言者は長男を廃除する」

訂正例　←　「遺言者は長男××にすでに贈与した金1000万円を財産の前渡しとし、今回相続させるものはない」

先妻の子

山下加奈さん

後妻よりも先妻の子への相続

◆家族と相続の状況

山下加奈さん（40代）は離婚し、息子を引き取って育てています。その後、昇さんと出会い、2年前に再婚しました。夫側にも先妻との娘が1人いますが、ほとんど会ったことはありません。

昇さんと加奈さんは親子ほど年齢が離れており、先妻の娘とは同年代です。そのせいもあって、先妻の娘は再婚に大反対で、最後まで認めてもらえませんでした。

昇さんは、亡くなる1年ほど前に病気の告知をされ、自宅と病院を往復するような日々となり、加奈さんは夫を献身的に看病しました。夫もとても感謝してくれ

相続人関係図

●被相続人:山下昇さん
●相続人:妻（相談者）、先妻の長女

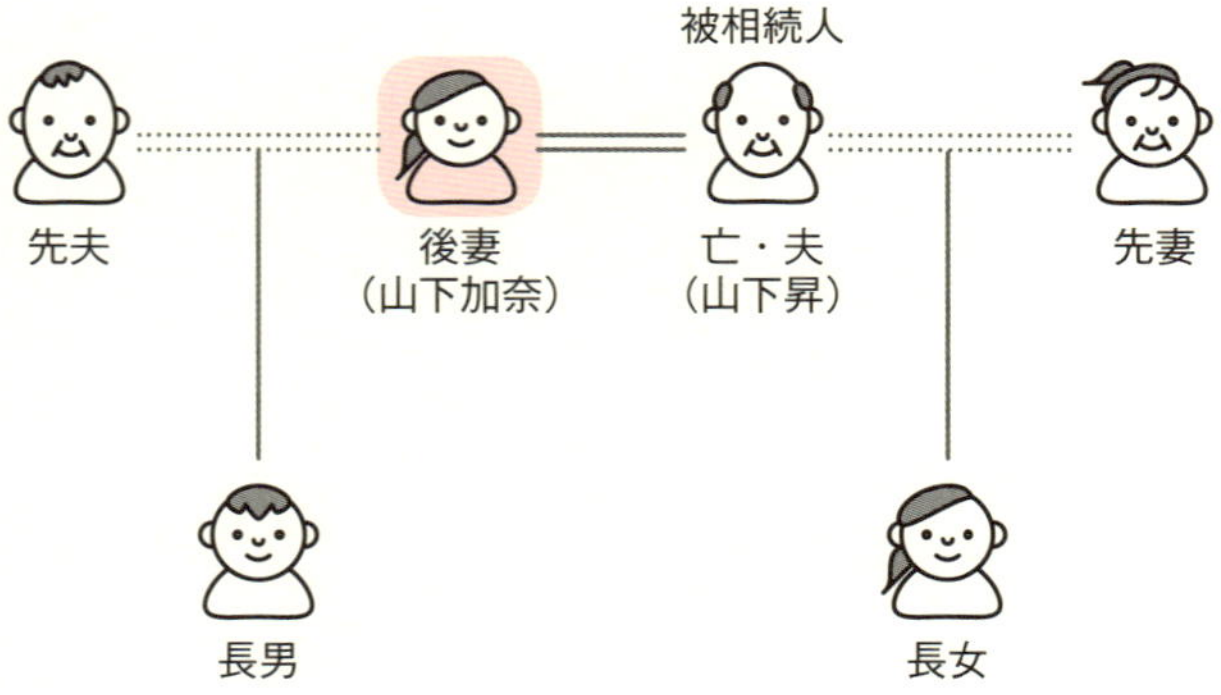

もめやすい遺言例

山下 昇さんの遺言書

遺言公正証書

本公証人は、平成○○年○月○日、遺言者・山下昇の嘱託により、
証人○○および○○立会いの下に、次のとおり遺言者の口授を筆記して、
この証書を作成する。
遺言者は、以下のとおり遺言する。

第1条　遺言者は、遺言者の有する下記財産を遺言者の
妻・加奈（昭和○○年○月○日生）に相続させる。

1　区分所有建物及び敷地権
所在　○○県○○市○○町○○
建物名称　○○○○
構造　鉄筋コンクリート造・陸屋根　（中略）

2　ゴルフ会員権
会員権の名称　○○ゴルフクラブの個人正会員
会員番号　○○○○
名義人　山下昇

3　現金
遺言者の預貯金を解約後、その内から現金で○○○○円

4　保険契約に基づく請求権
遺言者が○○生命保険相互会社との間で締結した
下記生命保険契約に基づく請求権
（中略）

第2条　遺言者は、第1条記載の財産を除く遺言者の有する
一切の財産（不動産を含む）を、遺言者の
長女○○（昭和○○年○月○日生）に相続させる。

第3条　遺言者は、祖先の祭祀を承継主宰すべき者として、
上記長女○○を指定する。
（中略）

○○県○○市○○　会社役員　遺言者　山下昇　印
昭和○○年○月○日生

ていましたので、入籍してよかったという思いを強くしました。しかし先妻の娘とは会う機会も話すこともないまま、相続を迎えたのです。

◇相続のとき、どうなった

遺留分減殺請求をした

昇さんは公正証書遺言を残していました。会社の顧問弁護士と税理士が証人となって作成していて、日付は加奈さんと再婚して間もないころです。公正証書遺言の内容は、配偶者である加奈さんに別荘のマンション、ゴルフ会員権、現金の一部、生命保険を相続させ、あとは全部先妻との娘が相続するというものでした。

昇さんは会社を経営し、賃貸ビルも所有していますので、相当な財産があり、家賃収入もありました。それらの大部分は配偶者である加奈さんではなく、「一切を娘に相続させる」という内容であり、妻の法定割合である財産の半分にはほど遠い額です。夫婦で住んでいた自宅マンションも先妻の娘名義になりましたので、遺言執行者の弁護士から明け渡しを命じられました。

加奈さんは、遺言に記載された財産を受け取りましたが、昇さんの財産からすると遺留分を満たしていないのではと疑問を持っていました。遺言執行者の弁護士から不動産評価の説明がありましたが、どうも腑に落ちません。

そこで、相続コーディネーターに相談してみたところ、まだ遺留分減殺請求ができるとアドバイスを受け、弁護士に依頼するようにしました。その後、時間はかかりましたが、希望額どおりに遺留分を受け取ることができ、ようやく納得できたのでした。

◇遺言作成ポイント

- 遺留分減殺請求は知ってから1年以内にしなければならない。
- 遺留分を算定する相続財産には生前贈与されたものも含めてよい。
- 不動産の評価は時価評価で行なう。相続評価の一・二倍程度となることが多い。

実物 「遺言者は第1条記載の財産を除き、一切の財産を長女に相続させる」

←

訂正例 「遺言者は配偶者に自宅マンションを含む財産の4分の1を相続させる」

別居

石川美穂さん ☹

実子ではなく姉に遺贈した

◆家族と相続の状況

石川美穂さん（30代）は幼いころに両親が離婚し、母親に育てられました。母親は再婚せずに、美穂さんが嫁いでからはひとり暮らしをしています。母親の話では離婚後に父親から養育費等の支払いはなく、会うこともないまま20年以上が経過しました。

美穂さんの父親は、祖父といっしょに自宅の敷地内にある修理工場で仕事をしていました。祖父が亡くなったときは、2人の姉に不動産の相続を放棄してもらい、長男である父親が自宅と工場がある200坪の土地を相続しています。

父親は60代で亡くなりましたが、再婚もしなかった

相続人関係図

● 被相続人：森和夫さん
● 相続人：長女（相談者）

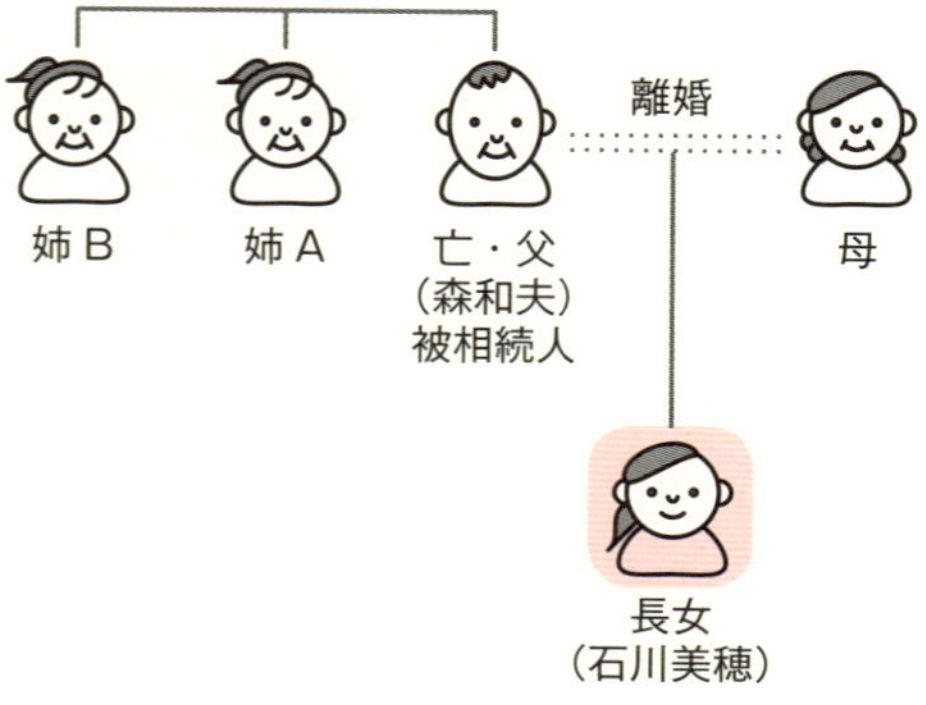

もめやすい遺言例　森 和夫さんの遺言書

遺言公正証書

本職は、遺言者 森和夫の嘱託により、後記証人2名立会の上、次のとおり遺言の主旨の口述を筆記し、この証書を作成する。

第1条　不動産の遺贈

1.（遺贈）
遺言者は、本遺言の効力発生時点において遺言者が有する下記不動産（土地1筆及び建物2棟）を、下記2名の者に下記割合により、遺贈します。

記

(1) 受遺者

ア	受遺者1	○○県○○市○○	A(昭和○○年○月○日生) 上記遺言者の姉
イ	受遺者2	○○府○○市○○	B(昭和○○年○月○日生) 上記遺言者の姉

(2) 遺贈財産

ア	土地	所在	○○市○○
		地番	○○番
		地目	宅地
		地積	○○㎡　（中略）

(3) 遺贈、その割合
ア　受遺者Aに、上記財産のいずれも、その2分の1を遺贈します。
イ　受遺者Bに、上記財産のいずれも、その2分の1を遺贈します。

2.（補充遺言・1名への遺贈）
第1項に記載の受遺者2名のうちの1名につき遺贈の効力生じないとき、又は受遺者1名が遺贈を放棄したときには、当該受遺者が受贈すべき財産は、余の受遺者に遺贈します。

第2条　遺言執行者
(1) 遺言者は、本遺言の遺言執行者として、遺言者の姉である上記B(昭和○○年○月○日生)を指定します。(中略)

住所　○○県○○市○○
職業　無職
遺言者　森和夫（昭和○○年○月○日生）印

ため、相続人は子どもである美穂さんだけでした。母親に引き取られた美穂さんは、父方の祖父母や2人の伯母たちと会うこともなく、疎遠になっていました。父親が亡くなったことを知らされたのも葬儀が終わってからで、美穂さんにとって、父親とのかかわりはないのが現実です。まして、父親の公正証書遺言があることなど知るよしもない状況でした。

◇相続のとき、どうなった

遺産分割がなく、遺留分減殺請求をした

しばらくして、2人の伯母から美穂さんに電話があり、公正証書遺言があることを聞かされました。そのうえで、父親名義の不動産はもともと祖父のもので、いずれはきょうだいである自分たちに戻してもらう約束だったという話もされました。

送られてきた公正証書遺言の写しには、不動産は伯母たちに2分の1ずつ遺贈すると記載されており、美穂さんへの遺産分割は一切ありません。

その内容を見て憤慨したのは母親です。あまりに理不尽な内容なので、今後どうすればいいか、美穂さんと相続コーディネーターにアドバイスを受けに行きました。

両親が離婚しているとしても、美穂さんは父親の実子ですから相続人であることには変わりません。いままで贈与を受けたこともないので、相続の権利は主張したほうがよいと、遺留分減殺請求をすることをすすめられました。伯母たちはすでに弁護士に依頼しているということ

でしたので、美穂さんも弁護士に依頼して、手続きをしました。結果、伯母たちは不動産を売却して、そのお金で美穂さんに遺留分相当額を払ってくれることになったのです。

◇遺言作成ポイント

- 遺言書があると法定相続分より遺言内容が優先される。
- 遺言書では、相続人以外の人に財産を遺贈することができる。
- 遺留分を侵害されていれば、配偶者、親、子であれば法定割合の半分まで請求できる（第2章45ページ参照）。

実物「遺言者が有する不動産を姉2人に各2分の1の割合で遺贈する」

↓

訂正例「遺言者が有する不動産や動産の一切を長女に相続させ、不動産を売却、換金し、遺言者の姉2人に費用を差し引いた残りの2分の1を遺贈する」

名義

代襲人が住んでいる家を贈与できない

前田義則さん ☹

◆家族と相続の状況

前田義則さん（60代）は長男で、妻子とともに両親と同居をしてきました。弟家族は、父親の義雄さん名義で購入した他市のマンションに住んでいますので、同居する義則さん家族が両親の面倒をみてきました。

母親は2年前に亡くなりましたが、まだ相続の手続きはできていません。母親の遺言書がなかったため、相続人で遺産分割協議をしなければいけませんが、簡単にいかない事情がありました。

それというのは、義則さんの弟が母親より先に亡くなっているからです。母親の相続手続きをするには弟の代襲相続人である姪（弟のひとり娘）の協力が必要

相続人関係図

- 被相続人：前田義雄さん
- 相続人：長男（相談者）、亡次男の娘

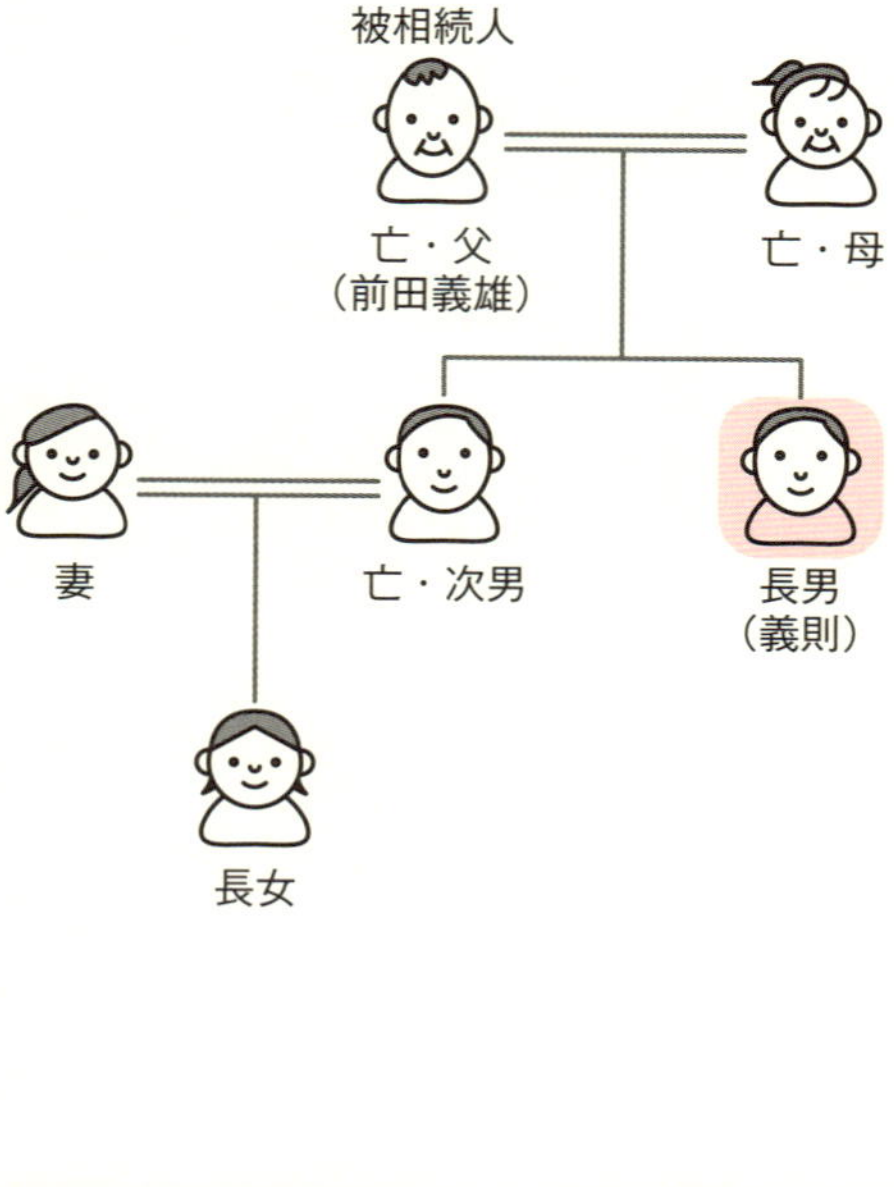

もめやすい遺言例　前田義雄さんの遺言書

遺　言　書

私の全財産を長男義則に相続させる。

平成○○年○月○日

前田義雄　印

です。けれども弟が亡くなってから弟の嫁や娘とは疎遠となっており、連絡をしても電話にでない状況なのです。そうするうちに今度は父親も亡くなってしまいました。

◆相続のとき、どうなった

遺言は執行せず、手続きも先延ばしに

義則さんは、弟の代襲相続人である姪に、父親の遺言があり検認を受けることについて伝えることにしましたが、電話をしても出てもらえません。なんとか姪のいとこにあたる自分の娘を介して伝言しましたが、返事はなく、検認にも来ませんでした。

父親の遺言書でいちばんの課題は、姪とその母親が住むマンションが義則さん名義になってしまうことです。義則さんは、姪との意思の疎通がとれないことから、父親の遺言書を生かしていったん手続きをし、その後、自分が姪にマンションを贈与しようと考えました。

こうした手順でいいのか、相続コーディネーターに相談したところ、やはり姪とその母親が住むマンションであれば、住んでいる人に相続させることが妥当であり、遺留分の配慮にもなるので、遺産分割協議をして姪に相続させてあげたほうが感情的な行き違いは避けられるとアドバイスを受けました。そのほうがマンションの名義を変える費用も一度で済み節約になるというので、姪との意思疎通を図るようにしたいと思い直したのでした。

手続きはまだ先になりそうですが、感情的なトラブルは避けたいので、義則さんは気長に連

絡をとってみようと考えています。

◇遺言作成ポイント

・相続人である子が亡くなっているとその子が代わりに相続人になる（代襲相続人）。
・不動産は住んでいる人に相続させると争いがない。
・住んでいる人以外の名義にしたあとに、名義変更をすると贈与か売買になり、税金がかかる。

実物　「私の全財産を長男義則に相続させる」

←

訂正例　「亡次男の子が住む不動産はその子に相続させる。ほかの財産は長男に相続させる」

等分

借金を返済せず亡くなってしまった兄

小川哲也さん

◇家族と相続の状況

小川哲也さん（40代）は4人きょうだいの末っ子で三男です。姉が1人、兄が2人いますが、長兄はすでに亡くなりました。すぐ上の兄・直也さんは会社の経営者で、自宅と貸家、貸駐車場の3つの不動産を所有していました。しかし会社経営の資金繰りでたいへんなときがあったので、姉と、哲也さんからそれぞれ借入をし、返済できないまま亡くなってしまいました。

直也さんは独身で配偶者も子どももいませんので、公正証書遺言を作成して自分の意思を残していました。遺言の内容は「不動産を含む一切の財産を姉A、弟哲也、甥C（亡兄の長男）の3名に3分の1ずつ相

相続人関係図

●被相続人:小川直也さん

●相続人:長女、亡長男の子3人、三男（相談者）

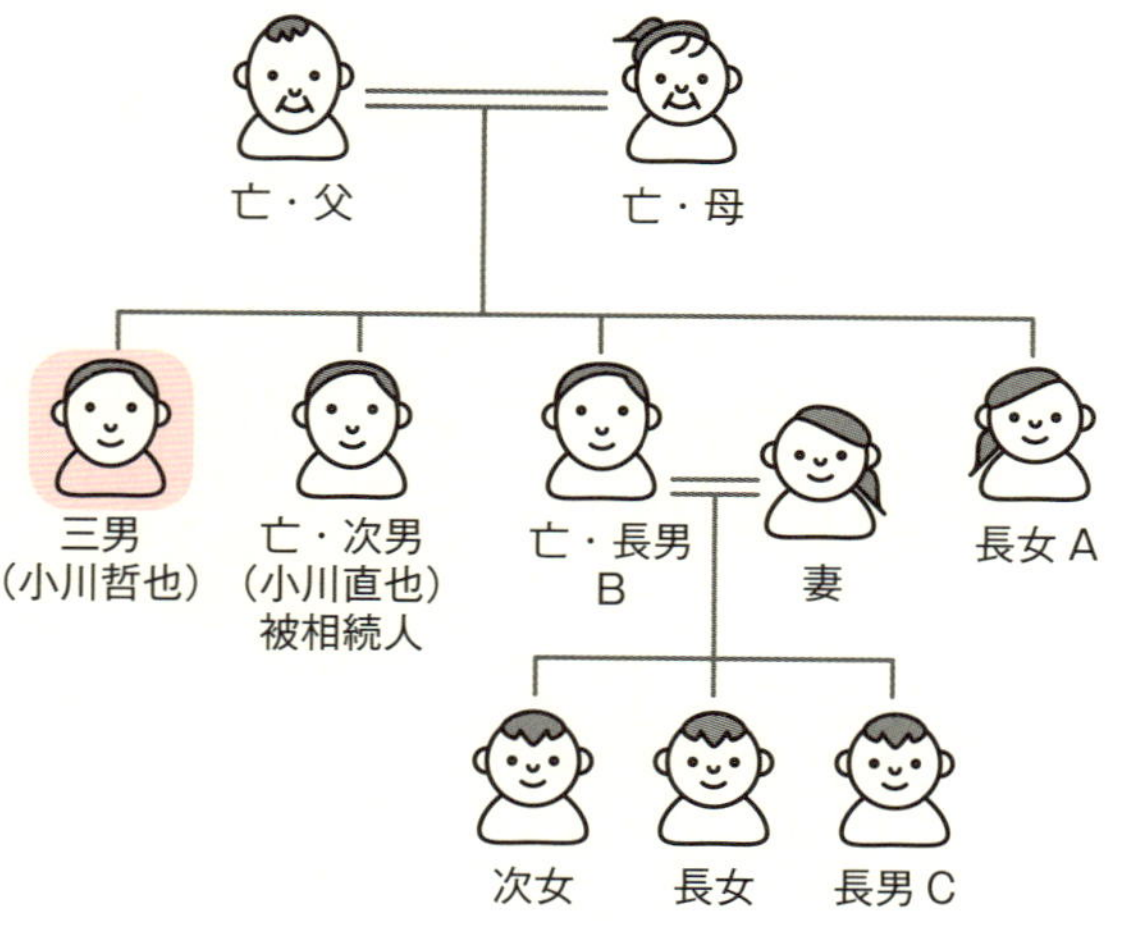

もめやすい遺言例 ―― 小川直也さんの遺言書

遺言公正証書

本職は、遺言者小川直也の嘱託により、証人○○証人○○の立会をもって、次のとおり遺言者の口授を筆記しこの証書を作成する。

第１条
遺言者は、その有する別紙目録記載の不動産を含む動産・現金・預貯金等一切の財産の各参分の壱宛を、遺言者の姉Ａ（昭和○○年○月○日生）、同弟哲也（昭和○○年○月○日生）および同甥（遺言者の兄・亡Ｂの長男）・Ｃ（昭和○○年○月○日生）の参名に相続ないし代襲相続させる。
前項に相続ないし代襲相続させるとあるのは、この遺言の効力発生と同時に遺産分割協議を要しないで上記財産が上記各相続人ないし代襲相続人に直接確定的に帰属する趣旨である。
なお、上記参名は、遺言者の債務を各参分の壱宛の割合で承継負担することとする。

第２条
遺言者は祖先の祭祀を主宰すべき者として前記遺言者の甥Ｃを指定する。

第３条
遺言者は本遺言の執行者として次の者を指定する。

○○県○○市○○
弁護士　遺言執行者　○○○○（昭和○○年○月○日生）

なお、遺言執行者は本遺言の執行のため、相続あるいは代襲相続による不動産の所有権移転登記、預貯金等の名義変更・解約・払戻をすることができる。

以上
（目録等　中略）

○○県○○市○○
会社役員
遺言者　小川直也　印
昭和○○年○月○日生

続させる」となっていました。

◇相続のとき、どうなった

遺言により不動産が3名の共有名義に

遺言書によって不動産の名義変更はできましたが、直也さんに貸したお金の返済はどうなるのか、税金はどうなるか、とまどうことが多く、相続コーディネーターに相談してみました。

不動産の登記が終わり、直也さん名義だった不動産は、指定されたとおり姉、亡長兄の長男、哲也さん3人の共有名義となっていました。将来どう分配していくのか、それぞれの考えはまとまっておらず、姉は自宅をもらいたい、亡兄の長男は貸家をもらいたいという意見でした。哲也さんはとくに希望はありませんが、このまま共有名義で管理していくのは難しいと感じています。

コーディネーターからは、できるだけ単独名義になるよう、不動産の持ち分を交換して整理することを提案されました。そのうえで一か所を売却し、そのお金を持ち分の割合で配分することで直也さんの残した負債を姉と、哲也さんへ返済するとよいとアドバイスを受けました。

こうして不動産の共有を解消し、売却して負債を返済するための原資を作ることができ、問題を残さず、円満に解決できたのです。

◇遺言作成ポイント

・兄弟姉妹や甥姪との不動産の共有は、問題が多いため避ける。
・不動産を共有している場合は、売却換金して分けることも合理的。
・負債がある場合、負債の相続人を指定しておく。

実物
「不動産を含む一切の財産を3名に、各3分の1ずつ相続させる」

←

訂正例
「不動産1は○○に、不動産2は○○に、不動産3は○○に相続させる。
その他の財産と負債は、3名に等分に相続させ、負担させる」

共有名義

収益不動産を母娘で共有して決裂

原田久子さん ☹

◇家族と相続の状況

原田久子さん（70代）夫婦は、自宅で加工業を営んでいました。子どもは3人おり、娘2人は嫁ぎ、長男も会社勤めをしていることから、誰も家業を継ぐ様子はありません。この先どうしようかと思案をしていたころ、建築会社の営業マンから土地を活かして賃貸物件を建てることをすすめられました。資金がないため決心できないでいると、等価交換をすれば資金も不要で、借入もしなくて済むということでした。

　等価交換というのは、地主が所有している土地を出資して、その土地にデベロッパーが建設費を出資して建物を建てます。完成後に、地主とデベロッパーがそ

相続人関係図

●被相続人：原田賢吾さん
●相続人：妻（相談者）、長女、次女、長男

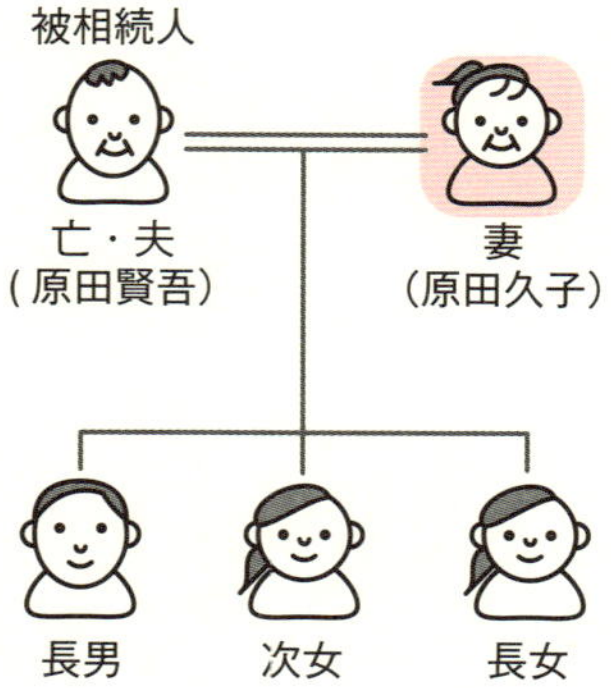

もめやすい遺言例 ―― 原田賢吾さんの遺言書

遺言公正証書

本公証人は、遺言者　原田賢吾の嘱託により証人○○、証人○○の立会いのもとに、遺言者の口述を筆記してこの証書を作成する。

第１条　遺言者は、遺言者の有する下記不動産を遺言者の妻久子（昭和○○年○月○日生）に相続させる。

（略）

第２条　遺言者は、遺言者の有する下記不動産を遺言者の妻久子（昭和○○年○月○日生）に2分の1、長女○○（昭和○○年○月○日生）および次女○○（昭和○○年○月○日生）に各4分の1の割合でそれぞれ相続させる。

区分所有建物及び敷地権
一棟の建物の表示

（略）

専有部分の表示

家屋番号	○○
建物の名称	○○
種類	店舗
構造	鉄筋コンクリート造1階建
床面積	1階部分　○○㎡

敷地権の表示

（略）

第３条　遺言者は、遺言者の有する下記不動産を遺言者の長男○○に相続させる。

（略）

第４条　（略）

平成○年○月○日

○○県○○市○○
無職
遺言者　原田賢吾　印
昭和○○年○月○日生

れぞれの出資比率に応じた割合で土地建物を取得する方式をいいます。

それならば家業をやめても賃貸収入が入るので安心だと思い、土地を出資して話を進めることにしました。共同住宅が建ち、土地の代わりに1階に40坪の店舗、3階に住居を取得しました。店舗はファストフード店に貸すこととなり、毎月家賃が入ってくるようになったのです。

◆相続のとき、どうなった

公正証書遺言で共有に

夫の賢吾さんは、亡くなるまえに弁護士を通じて公正証書遺言を残していました。「自宅マンションは久子さんに、別に所有している土地を長男に相続させ、店舗は久子さんが半分、娘2人が4分の1ずつの共有に」という内容です。久子さんが亡くなったあとは、店舗の久子さんの権利は長男に与え、姉弟3人で共有して家賃を分け合うようにすればいいというのが夫の考えでした。

久子さんは遺言どおりに手続きをしても問題はないか気になったので、相続コーディネーターのところへ相談に行きました。共有していくことはトラブルに発展することもあり、よけいな問題を残さないために、個々の所有にするような遺産分割協議をしたほうがいいとアドバイスを受けました。たとえば1人の名義にしてほかの人には代償金を払うか、店舗を売却して現金を分けてはどうか、と提案されました。

久子さんは家賃収入が生活源なので自分の名義にしたいと娘たちに持ちかけましたが、２人とも譲らず、遺言書どおり共有名義にするしかありませんでした。ところが、手続きが済んでほどなく家賃の分配をめぐって感情的な行き違いとなり、久子さん対娘２人で完全に決裂してしまいました。

その後は母娘なので、なんとか仲直りすることができていますが、そもそもが争いのもとにならないよう遺言の内容に配慮が必要だったと言えます。

◇遺言作成ポイント

・家賃収入がある不動産は、生活費にあてる配偶者に相続するよう優先させることが多い。
・賃貸不動産を共有していくことは、課題もある。
・代表者が不動産を相続し、家賃を分ける場合はルールを決めておく必要がある。

実物　「下記不動産を遺言者の妻に2分の1、長女および次女に各4分の1の割合でそれぞれ相続させる」

↓

訂正例　「下記不動産を遺言者の妻に相続させる。妻は長女および次女に代償金として金○○を支払う」

コラム

裁判しても悔いは残る

——オープンな相続をめざす

家督相続制度が廃止されたのは昭和23年のことです。ずいぶんと年月が経ちましたが、家督相続を踏襲される家庭はいまでもあります。跡継ぎでない者や嫁いだ者に財産を分ける必要はない、教える必要もないということさえあります。

そういった家庭で育った方は、先代や先々代のあり方を見ていますので、自分の相続権を主張するつもりはなく、家や家業の継承のために譲歩してもいいと思っているものです。けれども、話し合いの場を持たず、一方的に進められてしまったり財産の内容を教えてもらえないことで、疑心が生まれてしまうようです。「最初から、家や家業の状況や事情や財産の内容を明らかにして、遺産分割の案を提示してくれるなら譲ってもいいと思っていたのに、何も教えてくれないので財産を隠されたと感じた」と相談に来られた多くの方から聞きました。

本来、相続人同士が公平な立場で話し合いを進めることが必要です。一方的な進め方をしてしまうとこじれる原因になります。家を継ぐ者が財産を多めに相続したいために財産内容を教えることは不利だと考えるかもしれませんが、財産は隠さずすべてオープンにすることで、信頼関係が保てるのです。

遺産分割の話し合いでは、寄与や特別受益も考慮して互いに譲歩が必要となりますので、一歩も譲らない姿勢ではまとまりません。加えて感情的な話や過去のことは持ちださないこと、必要以上に責め合う場にしないよう配慮することが大切です。得てして兄弟姉妹の場合は、たった一言が一生許せなくなって、縁を切ってもよいというところまでいってしまうものです。

相続人同士で分割協議がまとまらなくなり、感情的にもこじれてしまうと、次なる解決方法としては第三者を入れて話し合うことになります。この場合の第三者は、弁護士や家庭裁判所です。弁護士や家庭裁判所では、調停や裁判などにより、それぞれの言い分を主張し合い、最終的な財産分与を決めるわけですが、その過程で相続人同士でコミュニケーションをとることはできなくなるのが現状です。

つまり、遺産分割をする代わりに、身内の縁は切れるということです。裁判になって、結果はよくても相続人の心にはしこりが残る結果となることは明白です。できるだけ、弁護士、家庭裁判所に駆け込む前に相続人同士で譲り合って分割協議をしようと考えたほうがよいと言えます。

とにかく何事も隠さずオープンにしないと、疑心暗鬼を引き出し、一生しこりが残ります。我慢したり、あきらめてしまうのではなく、できるだけ悔いを残さない解決をする努力をされるようおすすめします。

第6章

遺言を書いてみよう

遺言は、元気なうちに
用意しておくことが望ましい時代です。
争いのない円満な相続を用意することで、
安心して前向きな生活ができるのです。
ここでは遺言書の書き方を具体的に説明します。

1. 遺言書を作るまえに

◇しこりを残さない相続のために

相続を円満に乗り切るには、家族で争わないことが大前提です。

相続人の立場で大切なのは、「相続のしこりを残さない」ために「情報をオープンに」することです。これまでたくさんの相続問題をみてきましたが、一部の相続人が「ほかの相続人に財産内容を教えない」ことで、もめることが多いのです。最初からオープンにして話し合えば譲歩できるものも、隠されることで疑心暗鬼になりゆずれなくなってしまいます。家族同士の争いは一生悔いが残りますので、できるだけしこりを残さない解決をめざしてほしいものです。

被相続人には、相続の用意をする権利があります。円満に相続手続きができる家庭では、生前から財産について話し合いをしたり、配慮のある遺言が残されていたりして、被相続人の意思が見えるため、争う余地がありません。

遺言は、こっそり作って隠しておくと、かえって争いのもとになります。遺言を作る方におすすめしているのは、「『遺言を作ること』と『遺言の内容』を相続人に知らせておくこと」です。それができないときは付言事項を活かして真意を書いてもらうようにします。被相続人の意思が最良の説得材料となりますので、財産や家族を守るために遺言書を残すのだという気持ちで、遺言書の内容を考えてみましょう。

■意思を伝えるための4原則

原則1　こっそり作らない
……相続人全員に知らせておく

原則2　遺産分割は公平にするのが無難
……遺留分に配慮しておく

原則3　公平な遺産分割にならないときは理由を明記する
……付言事項を活用し理由や意思を書いておく

原則4　財産のことだけでなく、感謝や気持ちを伝える
……意思を残すことは最良の説得材料で価値がある

◇遺言書作りの順序

実際に遺言を書くための順序をみてみましょう。まず、自分の相続人は誰か、確認しておきます。それから自分の財産内容を確認し、評価もしておきます。相続人のリストと財産内容を見ながら、遺言の内容を原稿用紙に書いて整理するようにします。

1 **相続人の確認**……家系図を書いてみる

↓

2 **財産の確認と整理**……①不動産、②動産、③負債などを確認する

↓

3 **内容を決める**……遺産分割の内容や付言事項などを原稿に書いてみる

↓

4 **遺言書作り**……遺言書の種類を決めて遺言書を作成
（「自筆証書遺言」↓208ページ、
「公正証書遺言」↓211ページ参照）

ポイント

※遺言書を下書きした段階で、専門家のチェックを受けておけばより安心できる。

下書き見本

遺言書作成の準備資料

遺言作成者　氏名　山　田　太　郎　　　　生年月日：M・S・H　　　年　4月15日

住所　〇〇市〇〇町　　　　　　　　　　　職業

1．家族関係図（下記図に当てはまらない場合は、右側にご記入ください）

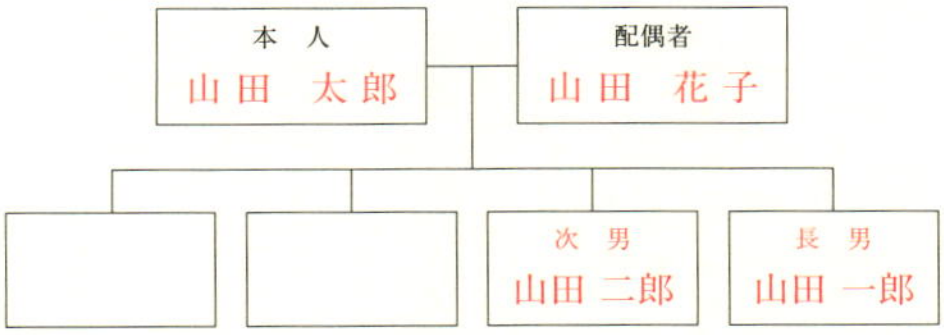

2．財産の内容（何を）→財産分与の案（誰にどのように）

《不動産》　自宅→妻　賃貸マンション→長男　軽井沢別荘→次男
《預貯金》　妻に全部
《動　産》　車→長男　他は妻へ　記載のないものは妻へ　負債→妻へ

3．遺言執行者（指定する・しない）

相続の手続きは、長男の一郎に任せる。

4．葬儀・祭祀について（指定する・しない）

長男の一郎に任せる。

5．付言事項

・妻の花子と長男の一郎には、私の身の回りの世話を最後まで献身的に看てくれたことに大変感謝しています。
特に花子には言葉では言い尽くせないほど世話になりました。長い間本当にありがとう。
・一郎へ　これからは山田家のために、あなたが中心になって下さい。
　あなたならできると信じています。
・二郎へ　いいお嫁さんが見つかり、幸せな家庭生活に恵まれているので安心しています。
これからも兄弟　仲良くお互いに助け合って生きていって下さい。

6．確認事項等

次男の相続分が、遺留分を満たしているか不安

記入日　平成　23年　10月　17日　　　　氏名　山　田　太　郎　　印

2. 遺言書の書き方

◇自筆証書遺言の場合

自筆証書遺言の場合、「全文を自分で書くこと」など、法的に必要な要件が定められていますので漏れがないようにしなければなりません。

■自筆証書遺言の3つの必須要件

1 全文を自分で書く（ワープロ・録音テープは、不可）

2 作成年月日と氏名をきちんと全部書く（本人と特定できれば通称でもよい）

3 押印する（認印でもよい）

※書き間違えた場合は、すべて書き直したほうがよい（法で定められた訂正の方法をとらなければ遺言が無効になることがある。正しい訂正方法については、第5章155ページ参照）。

自筆証書遺言の書き方

遺　言　書 ①

遺言者○○○○は、次のとおり遺言する。

1　私名義の次の物件を○○○○に相続させる。

東京都○○区○○丁目○○番
宅地○○平方メートル　（中略） ②

また、この家屋内にある家財道具等すべての財産も ③
○○○○に相続させる。

2　私名義の○○銀行○○支店に有する預金、債権すべてを ④
○○○○に相続させる。

3　私が所有している株式会社の株式は、○○○○に
相続させる。

4　この遺言書の遺言執行者として○○市○○町○○丁目○
○番○○○○を指定する。 ⑤

平成○年○月○日 ⑥

東京都○○区○○丁目○○番

○○○○ ⑦　印 ⑧

① 表題をつける
② 土地や建物の所在や面積は書かれていなくても、相続させる内容と意思がわかればよいが、疑義をまねかないように注意する。
③ 家具などの所有物も明記した方がよい。
④ 口座番号が書かれていなくても、どの預金かわかればよい。
⑤ 遺言執行者は指定しなくてもかまわない。
⑥ ○年○月○日まで記入。○月吉日などは無効。
⑦ 氏名はきちんと全部書く。
⑧ 実印でも認印でもよい。

自筆証書遺言の作成方法

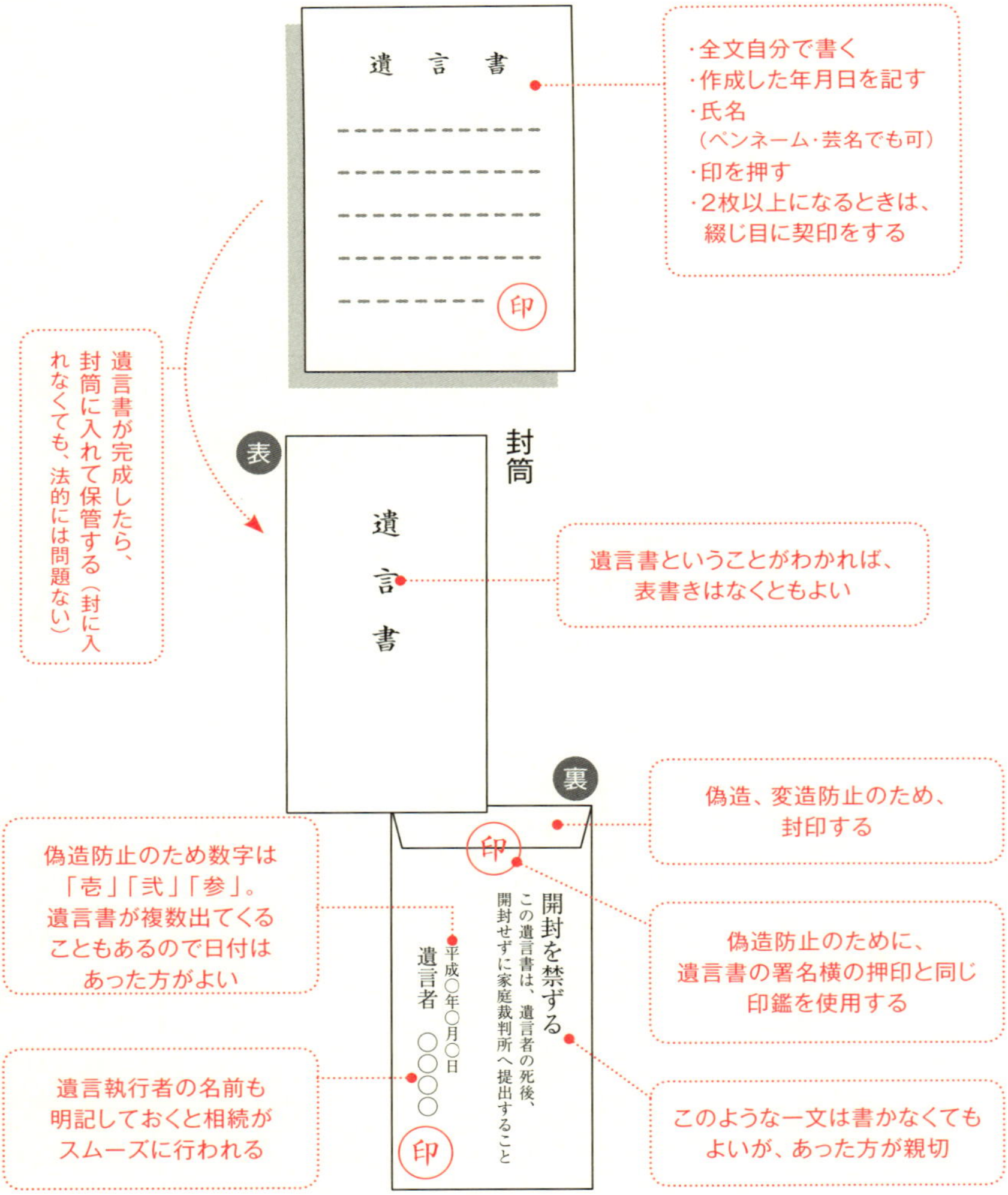

遺　言　書
印
・全文自分で書く
・作成した年月日を記す
・氏名
（ペンネーム・芸名でも可）
・印を押す
・2枚以上になるときは、
綴じ目に契印をする
遺言書が完成したら、封筒に入れて保管する（封に入れなくても、法的には問題ない）
表
封筒
遺言書
遺言書ということがわかれば、
表書きはなくともよい
裏
印
偽造、変造防止のため、
封印する
開封を禁ずる
この遺言書は、遺言者の死後、
開封せずに家庭裁判所へ提出すること
平成○年○月○日
遺言者　○○○○
印
偽造防止のため数字は
「壱」「弐」「参」。
遺言書が複数出てくる
こともあるので日付は
あった方がよい
偽造防止のために、
遺言書の署名横の押印と同じ
印鑑を使用する
遺言執行者の名前も
明記しておくと相続が
スムーズに行われる
このような一文は書かなくても
よいが、あった方が親切

遺言書を発見したら…

遺言の保管者または発見者は、遺言を家庭裁判所に提出し、検認を受ける。

封印してある遺言書は、家庭裁判所で相続人（もしくは代理人）立ち会いのうえ、開封。

◇公正証書遺言の場合

公正証書遺言の作成には、自分で直接公証役場に出向き相談、委託をする場合と、専門家（弁護士、司法書士）や相続コーディネーターに相談する場合があります。専門家に相談する場合は相談料がかかりますが、煩雑な手続きなどをまかせることができたり、よりよい遺言書の書き方のアドバイスを受けることができます。ここでは専門家に相談した場合の手順を記します。

■公正証書作成の手順

step 1 相談

専門家（弁護士、司法書士）や相続コーディネーターに相談し、「相続人の状況」や「財産の内容」「遺言作成の目的」を説明し、課題点の整理やアドバイスを受けます。

step 2 委託先を決める意思決定

公正証書遺言を作成するための証人業務や遺言コーディネートの委託先を決めます。

書類の確認や分割の内容などを整理するには専門家に相談することが有益です。

「公正証書」作成に必要な書類等一覧

◆遺言者の印鑑登録証明書（作成日まで発行日が3か月以内のもの）
◆戸籍謄本（遺言者と相続人の続柄がわかるもの）
◆相続人以外の第三者に遺贈する場合は、その人の住民票
◆固定資産評価証明書あるいは固定資産税納付書の写し
◆不動産の登記簿謄本
◆預金、株式、有価証券等動産の残高の概算メモ
◆遺言書内容の原稿（まとまっていない場合は口述します）

遺言作成日に必要なもの

◆遺言者本人の実印
◆遺言作成費用（現金を用意する）

公正証書等作成時の費用（手数料）一覧

公正証書作成の手数料（費用）等は、政府が決めた公証人手数料令により、法律行為の目的価額にしたがって、次のように定められています

目的の価額	手　数　料
100万円まで	5,000円
200万円まで	7,000円
500万円まで	11,000円
1,000万円まで	17,000円
3,000万円まで	23,000円
5,000万円まで	29,000円
1億円まで	43,000円
（以下1億円を超える分）3億円まで	5,000万円ごとに13,000円 加算
10億円まで	5,000万円ごとに11,000円 加算
10億円超	5,000万円ごとに8,000円 加算

遺言公正証書にかかる費用例

相続人3人に対し、3,000万円、1,500万円、1,000万円相当の財産を相続させる内容の遺言書では、23,000円＋23,000円＋17,000円＋遺言加算（全体の財産が1億円以下の場合）11,000円＝74,000円
となります。別途、謄本代がかかります。※証人費用が別途必要です

step 3 書類と財産内容の確認

必要書類（212ページ参照）を用意し、証人や書類がそろったら専門家やコーディネーターに渡して、確認してもらうようにします。併せて、財産の確認と評価をし、相続税の申告が必要か否かの判断をしてもらいます。

step 4 原稿の下書き

公正証書遺言の内容を決めて、下書きをします。下書きすることが難しい場合は、専門家や相続コーディネーターに口頭記述をしてもらってもかまいません。遺産分割の内容について、問題になることがないか、アドバイスを受けるようにします。

step 5 公証人の書類確認、原稿作成

専門家や相続コーディネーターが遺言の原稿をもとに公証役場の公証人と打ち合わせをします。公証人は、原稿や書類を確認しながら、公正証書遺言の原稿を作成します。

step 6 原稿確認と費用確定

公証人が作成した公正証書遺言の原稿を郵送またはファクシミリなどで送ってもらい、自分で内容を確認します。内容の訂正や変更がなければ、その内容で用意されます。諸費用の確認と確定をします。

step 7 作成日時、場所の確定

公証人や証人と都合を合わせて、公正証書遺言の作成日時を決めます。所要時間は30分程度です。状況によって公証役場に出向くのか、公証人と証人が出張するのかを相談して場所を決めます。本人が出向ける場合は、どこの公証役場で作成してもかまいません。入院していたり高齢で外出が難しかったりして公証役場まで出向けない場合は、公証人と証人が、病院や自宅に出向いて公正証書遺言を作成することもできます。

step 8 遺言書完成

作成当日は、遺言者が公証人の面前で遺言の内容を口授し、その後、公証人が作成した公正証書遺言の内容を読み上げ、最終的に本人の意思確認をします。そのあと、本人が公正証書遺言書に署名をし、実印を押します。証人2名もその場に立ち会い、同様に署名、押印します。公正証書遺言書は、原本、正本、謄本の3通が作成されます。原本は公証役場にて原則20年間保管されます。正本は、本人か遺言執行者が保管します。謄本は写しとなるもので、証人が保管します。

step 9 費用の支払い

公正証書遺言の作成費用は遺言作成の終了時、現金で支払います。公証役場に支払う費用と証人に支払う費用の両方が必要です。

3．家族へのありがとうを伝える「付言事項」

◇最後のメッセージがあると家族は救われる

相続の相談を受けていてつねづね思うことは、財産を分けることだけが相続ではないということです。数多くの方にお会いしてきましたが、「誰にも人生のドラマがあり、価値がある」ということを実感しています。人それぞれの個性そのもの、生きざま、人生だということでしょう。

家族でもめてしまった数多くの事例から、教訓としていかすことは何かと考えたとき、「自分の意思を残しておいてもらうことが最良の説得利用材料になる」と気づきました。自分の意思を残さないまま亡くなった場合と、配慮のある意思を残して亡くなった場合とでは、歴然とした違いがあるからです。

遺言書として法的に認められるためには付言事項は必要ありませんが、遺言者の思いをぜひとも遺言に付け加えていただきたいと思うのです。

◇自分だけの「付言事項」

相続人である家族の方から相談を受けるときは、被相続人が亡くなってからのことが多いので、ご本人には残念ながら私どもがお会いする術はありません。けれども、ご家族の話を通してご家庭の様子をうかがっていくうちに、亡くなった方の人柄や生きざまが不思議なくらい見えてくるのです。

普段の行動や言動が記録されて残っていることはあまりないことでしょう。だからこそ、遺言書は最後のメッセージとして相続人へ届きます。遺言の本来の目的である遺産分割なども大事ですが、「なぜ、この遺言書を作ったのか」「遺産分割の意味はどういうことか」という感情面も書いてあれば、その遺言内容を受け入れるための大きな説得材料になります。

さらには、「家族へのありがとう」や「こういうことを願っている」などが書いてあると、争いのもとになる気持ちにブレーキをかけてくれるはずです。

付言事項の書き方に決まりはありません。気持ちを自分の言葉で表現すればいいのです。以下、例を紹介しますので、参考にして、自分だけの付言事項を書いてみてください。

Hさんのメッセージ　70代女性

私の真意を伝えることができれば、互いの感謝や敬愛の情を確認し合うことができ、家族のきずなも深められ、○○と○○の長い将来への夢や希望につながるはずと願ってこの遺言を作成いたします。（中略）

亡き夫に支えられ、二人の自慢の子どもに恵まれて過ごせたことは最高の幸せだったと感謝しております。（中略）

私亡きあとは、きょうだい二人になりますので、互いに感謝して助け合いながら、○○家の家族として誇りを持って生きて欲しいと思います。何事も代理人を立てるのではなく、笑顔で心穏やかに話し合い、理解し合っていくことが二人の幸せだと信じます。それが私の切なる願いであり、気がかりなことなので、あらためてここに残しました。（後略）

Oさんのメッセージ　70代女性

1．○○さん、○○君、○○君へ（孫たち）

おじいさんとおばあさんは、三人の成長を何よりも楽しみにしていました。おじいさんと二人、長年勤労し、つつましく心に正しく生きてきました。それを忘れずに生きてください。楽しませてくれてありがとう。

2．私の遺産相続が円滑にいくことを願い、この遺言書を作成致しました。この財産は、亡き夫と二人まじめに勤労し、日々つつましく生活し遺したものです。どうか、私の遺言書を尊重してください。

○○夫婦には、亡き夫の仏事をはじめ、私と同居することとし、○○家のために貢献してくれたことに感謝いたします。

最後に、皆が健康で平和な日々を送れますよう心より願っております。

Tさんのメッセージ　80代男性

私の遺す財産は、戦後の混乱期を経て今日に至るまで、私と亡き妻が力を合わせて誰の力を借りることなくつくってきたものです。

また、借金も残していません。

今、この財産が親愛する二人の息子に引き継がれ、それぞれの生活に役立つことに満足しています。

ついては、二人の息子に対し、私の財産の相続があくまで円満に、かつ多少の感謝の念をもって行われることを切に願っています。

エピローグ

「相続の現場」を知る専門家のアドバイスを

最近ではどの年代の方でもインターネットを使いこなし、書籍も読み、財産の活かし方、残し方について情報収集をされている人が増えてきました。そのためか、昔に比べると相続に対する知識が格段に高まっていることは間違いありません。

けれども、具体的に相続の用意をしようとすると、節税や遺言書作成を含めた生前対策にいくつもの選択肢があってとまどうことになります。また、相続になったときも、遺産分割、財産評価、申告、納税などで、課題や選択肢がいくつもあって、選ぶのは簡単ではありません。相続手続きには、生前も、相続発生後も、じつに多くの課題が山積みになっているのです。全体を総合的に判断し、家族それぞれの状況に合わせた方法を選択しなければなりません。

そんなときには、「相続の現場」をよく知る専門家のアドバイスは欠かせません。相続問題を解決した経験やノウハウを生かした助言は、きっと役に立つことでしょう。

本書でご紹介した事例やポイントなどをヒントにして、ぜひ遺言書を作っていただきたいと思います。何よりご自分が納得できて、家族の将来も心配することがなくなるように、「遺言書」というあなたのオリジナルストーリーを残すことを切に願う次第です。

その過程において、縁あって私どもにご相談いただくことがありましたら、「経済面」と「感情面」の負担がないよう、精一杯の配慮をもって遺言書の作成をサポートしたいと存じます。

心のこもった遺言書という財産を残すことで、ご家族の心を豊かで穏やかにすることができることでしょう。

平成23年10月

相続コーディネーター　曽根恵子

Profile

曽根恵子《そね けいこ》

日本初の相続コーディネーターとして
1万件以上の相続相談に対処。
感情面、経済面に配慮した
“オーダーメード相続”を提唱し、安心で円満な
“夢相続”の実現に取り組んでいる。

(株) 夢相続 、(株) フソウアルファ、(株) グローバル・アイ 代表取締役
一般社団法人相続コーディネート協会 代表理事、NPO法人資産相続総合相談センター 理事長

◇経歴

(株) PHP研究所勤務後、昭和62年不動産会社設立、相続コーディネート業務を開始。

相続相談に対処するため、平成12年NPO法人設立、内閣府認証を取得。

平成13年に相続コーディネートを業務とする法人を設立、
平成15年に東京中央区八重洲に移転し、平成20年に社名を【(株) 夢相続】に変更。

平成21年一般社団法人相続コーディネート協会設立。

◇著書

『相続税は不動産で減らせ!』『幸せを呼ぶ相続の教科書』(PHP研究所)
『亡くなってからでも間に合う!相続税節税テクニック』(文芸社)
『相続で後悔しないための本』(現代書林)
『いちばんわかりやすい相続・贈与の本』(成美堂出版)
『運命を変える!相続コーディネートの極意』(文芸社)
『相続コーディネート入門』、『賃貸住宅コンサルティング入門』(住宅新報社)
『相続は誰に任せるかで大きく変わる!』(週刊住宅新聞社) など19冊

提案と解決。相続コーディネーター
夢相続

株式会社 夢相続
〒103-0028
東京都中央区八重洲1-8-17 新槇町ビル5階
〈東京駅八重洲中央口徒歩1分〉
TEL 03-5255-0077
(無料電話相談、無料面談のご予約受付)
http://www.yume-souzoku.co.jp/

装丁・本文デザイン――宮坂佳枝

1万件の実例が証明
円満な相続には「遺言書」が必要！

2011年11月3日［初版第1刷発行］

著　者　曽根恵子
発行者　藤木健太郎

発行所　清流出版株式会社
東京都千代田区神田神保町3-7-1　〒101-0051
TEL 03-3288-5405　FAX 03-3288-5340
振替00130-0-770500
〈編集担当・長沼里香〉

印刷・製本　株式会社シナノ パブリッシング プレス

乱丁・落丁本はお取替えいたします。
ISBN978-4-86029-359-8
http://www.seiryupub.co.jp/